経済学教育と研究の現場

関西学院大学経済学部での経験

山本栄一

関西学院大学出版会

経済学教育と研究の現場
関西学院大学経済学部での経験

まえがき

　経済の面白さはなんだろうか。筆者が1958年に経済学部に入学し、1960年に3年生の研究演習（ゼミナール）に所属し、ケインズ経済学を学び始めた頃のことを思い出す。半世紀前の話である。

　政治は「安保騒動」の中で学生を最前線に押し出していた。それは同時に、日本経済が高度経済成長を前にし、「経済の時代」を迎えようとしていた時である。経済学入門教育では、マルクス経済学と近代経済学の初歩が提供されていたが、世界経済は第2次大戦後の経済回復にともなって、「市場経済の自由化」が急速に実現し始めた。

　近代経済学は、現在のように席捲していない中で、この経済の自由化を説く「市場経済の論理」は、新鮮で一気に経済の面白さに引き込ませた。そのチャンピオンが気鋭の小宮隆太郎氏であり、舘龍一郎氏との共著『経済政策の理論』(1964)が世に出たのは、大学院に入ってからであった。この書は日本経済新聞の「やさしい経済学」に掲載されたもので、さまざまなテーマが理論と現状に即して展開され、経済問題の背後にある論理の世界をわくわくした思いで学んだ。

　それから少しして、熊谷尚夫氏の『経済政策原理』(1964)が出版され、経済政策展開の論理として厚生経済学の存在の必要性を説得的に伝えてくれた。これより前、北野熊喜雄・木下一夫共訳『J.ミード経済学入門』（上）（下）は、熊谷氏の著書の出現を待つにふさわしい学びのテキストとなった書物である。

　1962年に大学院に入り、ゼミナールで最初に出会ったのがミルトン・フリードマンであり、貨幣に関する当時最新の原書を学んだ。フリードマンは、市場の論理を徹底して突き詰める未だ「異端の経済学者」と見られていた。先の舘・小宮の著書の「はしがき」の最後にも、フリードマンの論理との類似が述べられているが、著者たちが彼との同一視を拒

否している。それは、今のことばで言えば「市場原理主義」への反発と言えるかもしれない。筆者も、フリードマンの論理の明解さとその魅力にもかかわらず、当初から違和感はぬぐい難いものであった。この「違和感」を追い求めることが、経済学を学ぶ道案内の一つでもあった。

兎にも角にも、「市場の論理」を知り、その内実を追い求めることは、経済学を学ぶ魅力の最大のものにしており、今日においても変わりはない。

時は移り、ある意味で経済学の「牧歌時代」は急速に終わりを告げ、経済学の教師となる1970年代に入ると、「制度化した経済学」がアメリカから滔々と流れ込んできた。筆者は、まさにその端境期に経済学を学んでいる。指導教授からは数学と統計学を学ぶように言われて、あまり身につかなかったが部厚い『アレン数理経済学』を苦しんで学んだ。

筆者は、経済学を学ぶといっても、市場経済プロパーを学んだわけではない。財政学とりわけ租税の理論に集中していた。市場経済との関係では、「市場の失敗」の世界であり、市場での私的財の需給に対して公共財の需給という、市場では解き得ない経済問題に取り組んでいた。市場経済の理論化が精緻になされるにつれて、それまであまり取り組まれていなかった「公共財」についても理論化が同様に進んでいくことになり、筆者もそのあとをたどることになる。

しかし、経済学における経済モデルによる理論の精緻化が、経済学教育、特に入門教育において、経済学がミクロ・マクロのそれぞれの理論を土台として、入門では理解困難とも思える内容と方法が提示される傾向が強まってくる。

筆者は、博士論文をまとめた1970年代中頃から、モデル分析の世界から、公共部門の歴史的制度的分析に移行し、進んでいく経済理論の精緻化に伴う経済学教育のあり方を横目に見て、強い違和感を覚えていた。

1984年に1年間アメリカのカレッジに滞在し、経済学教育の現場に身を置いた。経済学の「制度化」が始まり、それがグローバルスタンダードとして広めたアメリカが、カレッジの経済学教育では既に数式やモデ

ルによらない図形によって、現実の経済現象を例示として上げ、ミクロ・マクロ理論の基礎を繰り返して教えている現場を見た。この経験は、その後の経済学教育、特に入門教育のあり方に強い関心を抱かせ、機会を見つけてはしばしば学部教授会でも発言してきた。

　本書は、このような過去からの流れの中で、筆者が近年、以上の問題意識をもって経済学教育のあり方に関して公にした論考と実践に加えて、経済学部における教育と研究の展開の足跡を考察した論稿を、古いものも含めてまとめたものである。いずれも関西学院大学経済学部での経験に基づいており、長年、経済学教育に携わり、定年退職を前にしての「総決算」のような思いもあるが、むしろひとりの経済学教員の教育・研究メモの公開といったことが筆者の本意である。

　収録した各章は、以下に示すような形で、過去に掲載されたそのままであるため、重複している部分もあるが、各章はそれぞれ独立して読むことができるように、あえて編集しないで再録している。

第1章　経済・経済学を学部学生に如何に教えるか
　　　　「経済と経済学基礎」開講準備を通して考えたこと
　　　　ⅠからⅡ-2と（参考）『経済学論究』第58巻第3号（2004.12）
　　　　ⅡからⅣ-4まで　　『経済学論究』第59巻第1号（2005.6）
第2章　財政学を学部学生に如何に教えるか
　　　　　　　　『京都学園大学経済学論集』
　　　　　　　　第11巻第2号（2001.12）
第3章　経済学部・大学院経済学研究科の教育と研究
　　　　『関西学院大学経済学部七十年史』編集を振り返って
　　　　　　　　『経済学論究』第59巻第3号（2006.3）
第4章　関西学院大学における財政学の展開
　　　　　　　柏井象雄教授を中心に
　　　　　　　　『経済学論究』第37巻第1号（1983.4）

第 5 章 「経済と経済学基礎 A」配布講義ノート
2007 年度春学期（週 2 回講義）

このような貧しい論考でもまとめることができたのは、関西学院大学経済学部に在職し、そこでの教育・研究環境を与えられたことによるもので、その意味で同学部の自由な研究を可能にする気風と、熱心に教育に取り組む伝統に、いま深甚の感謝を抱いている。

貧しい報告が同学部にとって迷惑となることを恐れつつも、本書を同学部に捧げることを許していただきたい。

目　次

まえがき　3

第Ⅰ部　学部における経済学教育を考える

第1章　経済・経済学を学部学生に如何に教えるか 13
「経済と経済学基礎」開講準備を通して考えたこと

Ⅰ　「経済」「経済学」教育の現状理解

Ⅰ-1 経済学のフロンティアと経済学教育の現状／Ⅰ-2 中等教育の「経済」教育の実態／Ⅰ-3 中等教育で「経済」「経済学」教育はどの程度なされているのか／Ⅰ-4「経済」と「経済学」のはざま

Ⅱ　何が問われているのか

Ⅱ-1 アメリカの大学を「経済学」教育のモデルにすること／Ⅱ-2 学生の現状と大学教育を受ける側の姿勢／Ⅱ-3 キーワード「知的興味」「問題意識」／Ⅱ-4「リベラル・アーツ」と経済学入門教育／Ⅱ-5 学生間の落差——受身か主体的か／Ⅱ-6 日常的な経済生活を自己の認識対象として受け止められるか

Ⅲ　経済のリアリティと理論

Ⅲ-1 経済の「リアリティ」とは何か／Ⅲ-2 事実を知ることの困難さ——「リアリティ」の客観化／Ⅲ-3 リアリティと理論に架け橋はあるのか／Ⅲ-4 行きつ戻りつ

Ⅳ　今回の学部教育改革の総括

Ⅳ-1 経済学部将来構想委員会・経済学教育検討部会「提案Ⅰ」／Ⅳ-2「授業計画チーム」による作業／Ⅳ-3 経済学関係全教員による授業計画作業／Ⅳ-4 その後の経過と授業準備

（参考）American Economic Review アメリカ経済学会報告分科会「経済・経済学教育」共通テーマ一覧

第2章　財政学を学部学生に如何に教えるか 67

Ⅰ　今日、経済学を教える困難さ

Ⅰ-1 大学生の状況変化——ここ20年のこと／Ⅰ-2 遅れて訪れた経済学の制度化／Ⅰ-3 経済の現実と経済学のずれ

Ⅱ　財政学は経済学の一部か

Ⅱ-1「市場の失敗」論と公共経済学の登場／Ⅱ-2 政治と経済の狭間にある財政現象——国家をはさんで／Ⅱ-3 経済活動の経済効果——財政学における位置づけ

Ⅲ　制度を経済学で教えることの問題
　　　　　　Ⅲ-1「市場」制度と「非市場」制度の違い／Ⅲ-2 財政制度と法／Ⅲ-3 政府から企業までの制度スペクトル
　　　Ⅳ　理論・歴史・制度・行政技術　——財政学の多面性
　　　　　　Ⅳ-1 財政に純粋理論はあるか／Ⅳ-2 理論と歴史・対外比較の関係——制度理解とデータ利用の問題／Ⅳ-3 行政技術への道——行財政のあり方についての処方

第Ⅱ部　経済学教育と研究を振り返る

第3章　経済学部・大学院経済学研究科の教育と研究 ……………… 89
　　　　　　『関西学院大学経済学部七十年史』編集を振り返って
　　　Ⅰ　2回の学部史編纂が目指したもの
　　　　　　Ⅰ-1『50年史』から『70年史』まで／Ⅰ-2 学部史編纂の意義／Ⅰ-3 教育と研究の点検
　　　Ⅱ　過去20年の経済学部教育（1）　——リベラルアーツへの志向
　　　　　　Ⅱ-1 大衆化大学からユニバーサル大学へ／Ⅱ-2「演習」授業の改革／Ⅱ-3 言語科目教員の変化と言語教育の改革
　　　Ⅲ　過去20年の経済学部教育（2）　——経済・経済学教育の改革
　　　　　　Ⅲ-1 経済学の「制度化」と経済学教育の見直し／Ⅲ-2 経済学教育特に入門教育の改革
　　　Ⅳ　経済学研究と教員体制
　　　　　　Ⅳ-1 経済学の「制度化」と研究方法の多様化／Ⅳ-2 教員の研究専攻領域の多様化と担当科目
　　　Ⅴ　大学院教育の変化　——新制大学院教育の検討と評価
　　　　　　Ⅴ-1 80年代の大学院教育の低迷／Ⅴ-2 新制大学院の総括と本格的対応／Ⅴ-3 前期課程の改革　——学後続教育と社会人の再教育
　　　Ⅵ　経済学部におけるリベラルアーツ教育の行方　——総括

第4章　関西学院大学における財政学の展開 …………………………… 119
　　　　　　柏井象雄教授を中心として
　　　Ⅰ　学部開設時の財政学
　　　Ⅱ　戦前における柏井教授
　　　Ⅲ　戦後の柏井教授の研究・調査活動
　　　Ⅳ　柏井教授の地方財政研究の展開

第Ⅲ部　実践報告

第5章　「経済と経済学基礎A」 143
　　　　（2007年度春学期）配布講義ノート

　　テーマ1　戦後60年の日本はどうして経済大国になったのだろうか

　　テーマ2　日本経済の「強さ」と「弱さ」はなんだろうか
　　　　　　　　──「市場の競争」

　　テーマ3　いま経済格差が問題になっているとはどういうことか
　　　　　　　　──家計と消費生活

　　テーマ4　日本の産業構造はどのように変化してきたのか
　　　　　　　　──産業と企業の変化

　　テーマ5　日本経済に財政と金融はどのような役割をしているのか
　　　　　　　　──政府と金融機関の働き

　　テーマ6　日本の財・サービス価格の変化と物価水準の変化はどうなっているか

　　テーマ7　少子と高齢社会と人口減少の日本はどんな経済が予想されるか

あとがき　229

第Ⅰ部
学部における経済学教育を考える

第1章 経済・経済学を学部学生に如何に教えるか

「経済と経済学基礎」開講準備を通して考えたこと

I 「経済」「経済学」教育の現状理解

I-1 経済学のフロンティアと経済学教育の現状

　経済学が最も進んだと見られるアメリカで、経済学の「制度化」が取り上げられ、学問の手法、さらに言えば専門家になる道が固定化する傾向を見せたのが、1970年代に入ってからのことである[1]。わが国では、独特の「マル経」が一方で力を持っていたため、この傾向はかなりの遅れを見せたものの、社会主義陣営の急速の崩壊もあって、その傾向はわが国でも当てはまるようになって久しい。

　経済学の研究者になるためには、この傾向に背を向けていては、就職も困難な状況が現状と言えるだろう。このことは、経済学の大学院教育、とりわけ後期課程においては顕著で、ある時期にはむしろアメリカに留学して、最先端の研究者教育を受けようとすることが研究者になる早道とも考えられた。今日では、同様の教育は日本でも受けることができるようになったことからも、必ずしも早道でもなくなったこともあるが、「制度化」された経済学と何らかの関係を持つことなくして、研究者の道は先ず困難な状況は今も変化はない。

---

1) 第2章「財政学を学部学生に如何に教えるか」69頁以降にもう少し詳しくその事情を叙述している。

学部教育に目を転じると、局面は一変する。「制度化」経済学は、ミクロ、マクロの2部門に経済学の方法を分け、基礎的教育、初級教育、できれば中級教育に段階的に進めていく傾向が一般化した。内容は、経済の実態はある程度わかったものとして、少しは触れていくものの、いわゆる「ミクロ」「マクロ」の理論を教えていくことに精力を集中していた。教えるものは主に理論部門を担当していた教員であったこともあり、理論中心は抜きがたいものであったといえる。しかも担当者の考えから、基礎、初級、中級と言ったレベルについては、個人的なばらつきは大きく、とても学部教育では無理と思われる内容が学部入学早々提供された。学生は理解度が低く、近年の学生は学力が低下したという教師の「ため息」とともに、それでも連綿と続けられていった。
　学部教育のこのような実情は、1970年代に入る頃までは、大学進学率も低かったこともあり、それなりに抽象的な理論教育にも耐えられたと判断できる。ところが、高度経済成長による大学進学率の急上昇とともに、抽象的な教育内容に喰いつかなくなる学生も急増する。知的興味の拡散と希薄化ともいえる状況から、理論一辺倒の教育は転換せざるを得なくなる事態である。
　1980年代末に到来した大学生急増時期に、入学生の臨時定員増や新設大学・学部の急増によって、一層学生の進学率を推し進めた結果、経済学教育の改革は必至となった。大学によっては「経済学部」の看板を変えたり、学科制を設け、経済学に具体的・実学的イメージをもたらす名称が付けられた。場合によっては、具体的なイメージが明確になる名前を持つコース制がとられたりもし始めた。
　関西学院大学経済学部では、しばしばこのような実態と改革は議論の対象になったものの、依然とした「制度化」経済学の流れに乗っかってか、遅れること久しい1998年度には、それまで2年生での唯一の必修講義科目であった「経済原論」4単位が、「ミクロ経済学」「マクロ経済学」各4単位に倍増され、学部教育の充実を旗印に実行された。この傾向に

反対したものは少数で、学部教員におけるかなりの支持の下に実施に踏み切られた[2]。

　本稿は、このような関西学院大学経済学部の教育状況から転換する道が模索され、必修の経済学入門科目として1年生から2年生前半にかけて集中して、2004年度から各4単位の3講時、総計12単位からなる「経済と経済学基礎A・B・C」を新たに作るに至った。この改革に携わった者の一人として、個人的に総括しようと試みたものである。

I-2　中等教育の「経済」教育の実態

　今回の経済・経済学教育を考えるに当たって、小学校から高等学校までの教科書を見る機会を得た。

　教科書は文科省検定のため多くの選択肢があるが、先ず小学校については、中等教育を考えるための参考として、尼崎市が採用している標準的なものと思われる教育出版が発行する「小学社会3・4」（上）（下）、「小学社会5」（上）（下）の4冊を見た。「小学社会6」（上）（下）は地理・歴史になり、経済分野もその中で展開されているが、ここでは参考にしなかった。社会科は1、2年生では教科としてはない。

　小学3年生から5年生にかけて、経済に関するキーワードが順次登場してくる。参考のため列挙すると次のようになる。

　「市場」が「いちば」についで「しじょう」。「ねふだ」「ねだん」「ねだんの動き」「安売り」「市場の「せり」」「売れのこり」「上手な買い物」。「資源を有効に利用」「環境」「環境にやさしい」「公害」「二酸化炭素（排出ガス）」「ガソリン燃料」「地球の温暖化」。「農業」「漁業」「水産業」「工業」「サービス業・商業・建設業・通信運ゆ業」「工業の種類（重化学工

2）　筆者は反対者の一人で、潜在的には同意する教員もあったと思われるが、明確な反対を主張した。この時、既にここに展開した学部における経済学教育のあり方については、ほぼ形をとっており、このような学科目の改変はとても時代に即応したものとは思われなかった。

業―機械工業・化学工業・金属工業、軽工業―食料品工業・せんい工業)」「工業地帯（関東内陸・京葉・京浜・東海・中京・阪神・瀬戸内・北九州)」「太平洋ベルト地帯」。「工場」「工場のライン」「工場の規模（大工場・中小工場)」「出荷額」「商店・会社、銀行」。「土地利用」。「はたらく人・はたらく時間」「きんむ」「一人当たり生産額」「消費者・消費量」「水産資源（海の資源)」「エネルギー資源・石炭・石油」。「貿易」「輸出」「輸入」「逆輸入」「海外工場」。「情報・情報化社会」「電子メール」「インターネット」「ホームページ」「著作権」。その他、国や地方の各種事業などなど、ほとんど定義も十分でないながら、具体的な観察を通じて教えようとしている。

　中学になると内容は一変する。これも尼崎市が採用する日本書籍発行『わたしたちの中学社会（公民的分野)』を参考のため、経済部門の章についてその内容を示すと次のようになる。

....

『わたしたちの中学社会（公民的分野)』（日本書籍）

第1章　現代社会に生きるわたしたち　―自分の生き方をみつめ直してみよう(7～32頁)
第2章　豊かな暮らしをきずく　―お金と人間（33～78頁）
第3章　人権を守り育てる　―新聞ニュースを活用しよう（79～124頁）
第4章　世界平和と人類の共生を求めて　―平和な21世紀を生きるために(125～156頁)

....

第2章　豊かな暮らしをきずく（33～78頁）
章の扉　「お金と人間」（33～35頁）
　　お金と人生／お金と自由・平等な関係／お金は、しかし、魔物
　（以下、1項目2頁立て、合計20項目）
1　わたしたちの暮らしと経済（36～43頁）
　家計と消費生活
　　家計と消費／収入の種類／支出のなかみ
　暮らしを支える経済
　　暮らしを支える労働と生産／お金の役割／商品が手元に届くまで
　市場と価格の決まり方
　　市場価格／独占価格と公共料金
　市場の働きと人の暮らし

　　　　いろいろな市場／市場の変化と人々の暮らし
２　現代の企業と働く人々（44〜59頁）
　　現代の企業と働く人々
　　生産のしくみと利益
　　　　生産のしくみ／資本主義生産と利益
　　現代の企業と株式会社
　　　　いろいろな企業／株式会社のしくみ
　　金融の働きと日本銀行
　　　　金融の働き／金融の新しい動き／日本銀行の役割
　　お金の取引と暮らし
　　　　お金の取引／円安・円高と暮らし
　　大企業と中小企業
　　　　大企業と市場の独占／中小企業の役割
　　日本農業と食料問題
　　　　農業の現状と将来／食糧確保と環境問題
　　労働条件の改善
　　　　労働者の権利／平等な雇用機会の実現
　　企業社会とその変化
　　　　会社中心の生活／日本的経営の変化
３　国民の暮らしと政府の役割（60〜75頁）
　　進む日本の少子・高齢化
　　　　少子・高齢の時代／高齢者の生活と生きがい
　　日本の社会保障制度
　　　　社会保障制度／社会保障の現実／制度の充実を求めて
　　住民の暮らしと地域経済
　　　　都市と住宅問題／過疎化が進む村落／地域経済の再生
　　自然と環境を守る
　　　　失われる自然環境／廃棄物とごみ問題
　　消費者の権利と保護
　　　　主権者としての消費者／消費者の保護者
　　景気の変動とわたしたちの暮らし
　　　　景気と暮らし／景気と政府の役割
　　国（政府）の経済活動と支出
　　　　暮らしを支える財政の役割／歳出のうちわけ／財政投融資
　　国の経済活動を支える収入
　　　　歳入と税金／増える国債と地方債
　　学習を深めよう　―自動販売機のナゾ（76〜78頁）
　　　　自販機が生まれたのは／原子力発電所の１基分／消費社会の象徴、自販機
　　学習をまとめ、ひろげよう
　　　　やってみよう／調べてまとめてみよう／学習をひろげよう

高等学校については、数種の社会科の公民科教科書を検討して、採用の程度に関係なく、大学での「経済・経済学」に最も近いと思われる『新現代社会』(桐原書店)のものから、経済に関係する章について、詳細な内容目次を示すと次のようになる。

....

高等学校教科書『新現代社会』(桐原書店) 概要

第1編　現代の課題(選択学習)(5〜36頁)
第2編　現代の社会と人間のあり方(37〜175頁)
　第1章　現代社会生活と青年(38〜73頁)
　第2章　現代の経済社会と経済活動のありかた(74〜101頁)
　第3章　現代の民主政治と民主社会の倫理(102〜131頁)
　第4章　多元的国際社会に生きる(132〜161頁)
資料・さくいん(162〜175頁)

....

第2章　現代の経済社会と経済活動のありかた(74〜101頁)
　1)経済システムとくらし(74〜77頁)
　　水道管と水道水の違いとは？／水道料金とガス・電力料金のどこが違う？／
　　朝食と産業構造／学校への道のり／コンビニで買い物／家でくつろぐ
　2)技術が経済社会を変える(78〜79頁)
　　技術進歩と経済的豊かさ／経済的な豊かさの指標／
　　産業構造の変化と嗜好の多様化／これからの技術開発
　3)現代の企業と社会(80〜81頁)
　　経済主体としての企業／企業の経済活動と資金／企業の責任と倫理
　　action3　ベンチャー企業をつくってみよう(82〜84頁)
　　　(1) どんな事業をおこなうか、事業内容の検討・決定をしよう
　　　(2) 資金、売上、収支のシミュレーションをしてみよう
　　　(3) 独立のスタイルを決める
　　　　〈コラム〉IT革命と電子マネー(85頁)
　4)金融のしくみ(86〜87頁)
　　通貨とは／マネーサプライと中央銀行ｖ銀行と金融／金融の国際化と自由化
　5)政府の経済活動とは(88〜89頁)
　　市場と価格／政府の役割／租税制度と赤字国債／21世紀の課題
　6)経済のグローバル化と安定(90〜91頁)
　　経済のグローバル化／貿易の役割と貿易摩擦／外国為替相場／
　　国際経済機関と国際協調
　7)環境と経済社会の共生(92〜93頁)

くらしと公害／廃棄物とリサイクル／環境問題と経済活動
8) ワーキングライフの多様性と労働市場（94〜95頁）
労働市場の変化／労働形態の多様化／労働者の保護と今後の課題／働く意味
9) 経済活動に参加する責任（96〜97頁）
消費者主権／消費者の保護／企業・政府・消費者の責任
action4 確定申告をしてみよう（98〜100頁）
(1) 収入と所得
(2) 加藤家の確定申告をしてみよう
〈コラム〉商いの原点を求めて――近江商人（101頁）

I-3　中等教育で「経済」「経済学」教育はどの程度なされているのか

　項目を挙げただけで、十分な内容は把握できないにしろ、中学・高校において知的情報としては、経済に関して実に広範に及んでいることがわかる。ところが、中味をある程度推察可能のために所要頁数を記したが、これもまた実に短くなっている。

　特徴としては、現象としての「経済」についての伝達が中心で、「経済学」さらに言えば「経済理論」に類する点ではきわめて不十分である。その例示として、価格メカニズムについての説明を見てみると、中学についても高校についても、図1、図2のように、いずれも部分均衡の価格決定を示す需給曲線を提示し、以下のような説明を加えている。

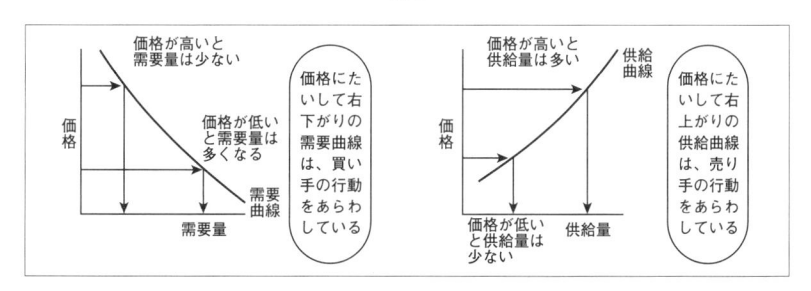

図1

▲価格需要・供給の関係　　『わたしたちの中学社会（公民的分野）』（日本書籍）、46頁。

図2

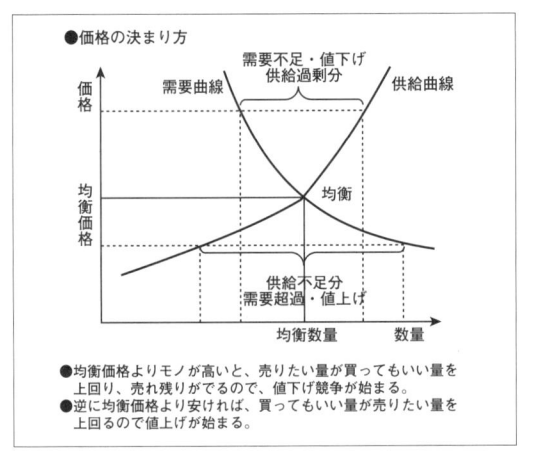

●価格の決まり方

（図：需要曲線と供給曲線。縦軸「価格」、横軸「数量」。上部に「需要不足・値下げ　供給過剰分」、下部に「供給不足分　需要超過・値上げ」、交点に「均衡」、縦軸に「均衡価格」、横軸に「均衡数量」。）

● 均衡価格よりモノが高いと、売りたい量が買ってもいい量を上回り、売れ残りがでるので、値下げ競争が始まる。
● 逆に均衡価格より安ければ、買ってもいい量が売りたい量を上回るので値上げが始まる。

高等学校教科書『新現代社会』（桐原書店）、88頁。

中学教科書は次のようである。

　「「今日はキャベツが高い、トマトは安い」と聞くことがある。これは毎日、売り手（供給者）と買い手（需要者）が集まって、その商品を売り買いして、価格を決めているからである。このように価格を決める場所を市場といい、価格を市場価格という。自由な競争のもとで商品を生産し、売り買いする経済のしくみを、市場経済とよぶ。／市場経済のもとでは、売り手（生産者）は、市場価格が高くなると、生産をふやして、多く出荷する（供給）。しかし、買い手〔消費者〕は、値段が高くなると買わなくなる（需要）。買い手の量（需要量）が少なくなると、価格は下がる。そうなると生産者は、利益が下がるので、売り手の量（供給量）を減らす。このように売り手と買い手の量によって、商品の価格は決まる。市場経済では、商品は自由に売買されるが、高く売れるか、安くなるか、市場に出荷するまではわからない。市場価格の動きは、一人ひとりの生産者に、どれだけの需要量があるかを

第 1 章　経済・経済学を学部学生に如何に教えるか　　21

示す役割を果たし、これで需要量と供給量の調整がはかれる。」（前掲書、46 頁）

高校教科書は字数からは、次のようにさらに短くなっている。

「市場経済では、財・サービスが自由に売買されるのが原則である。理想的な自由競争市場では、ある商品を買いたい人（需要量）が多いにもかかわらず商品の数（供給量）が少なければ価格は上昇し、企業はその商品の生産量を増やそうとする。一方、価格が上がれば買おうとする人は少なくなるため、需要量の超過はやがて解消される。逆に供給量が多ければ、価格は下がるので、企業は生産を控える一方、買おうとする人は増えて、結果的に供給量の超過は解消される[3]。したがって、理論上では、市場はほうっておいても全体の財・サービスの流通する量が調整されることになる。」（前掲書、88 頁）

ちなみに価格の一つである「利子率」という用語がどのように扱われているかを見ると、「利子」とともに触れられているが、十分な説明はない。
中学では、「銀行は、貸し付けるときの利子を預金者に支払う利子よりも高くするなどして、経営している。銀行以外で高い利子をつけて、無人の金融サービス機で、簡単に貸し出す消費者金融もある。」「日本銀行が、一般の銀行にお金を貸し出すときの利子率を公定歩合という。日本銀行は、景気が悪いとき、公定歩合を下げて、一般の銀行が企業や個人に貸し出すお金の利子率も下がって、借りやすくなり、企業の設備投資や家計の住宅建設などが活発になり、景気がよくなると考えられている。」（48 ～ 49 頁）など、その他にも関連箇所に簡単に触れている。
高校では、「銀行は集めた預金を活用して、それを資金が不足してい

---

[3] ここに次のような欄外注が付いている。「このような価格の変動を通じて需要量と供給量が一致するはたらきを、価格の自動調整機能という。」

るところへ融通し、利息と手数料で利益をあげているのである。」「日本銀行は日々の金融政策として、とくに銀行間の資金需給バランスに介入して、短期の金利をコントロールしている。1995年以降、不況を脱するために、この短期金利を低くする政策がとられた。」「公定歩合とは、銀行が日本銀行からお金を借りるときの金利（利子率）のこと。」など、その他、中学と同様の触れ方である。

　前項とこの項からもわかるように、「経済」の具体的内容は、大学での「経済学」の各分野に及ぶ盛りだくさん振りの割には、説明が簡略化され、「経済学」的な展開については、「価格の働き」に見るように、とてもこれだけでは理解できるようには思えない。とりわけ「利子率」については、「利子」という用語との関係と定義は、わかっていることが前提とされているようで、利子率の表示がどのような具体的計算によっているかも説明がない。「利息」と「利子」が並列されたり、銀行からの借入利子や国債利子はあっても、消費のローン利子や債券利子などはない。債券価格と利子率の関係に解き及ぶなどはほとんど不可能な叙述である。同様の不揃いは、他の部門も変わりがない。割かれている頁数と話題の多さからは当然といえば当然のように思える。

I-4 「経済」と「経済学」のはざま

　なんとなく大学教育は、中等教育の内容を前提に、積み上げるものと考えられている。それは十分の検証がないままである。特に、大学の教科は大学設置基準の学科編成についての枠はあるが、内容にいたっては、中等教育に見られる「学習指導要領」といった教科内容の詳細な提示がない。同じ講義科目でも担当者によって内容は違っており、何らかの学部内の教育プログラムを作っておかない限り、担当者の自由と責任に任されているのが実情である。必修教科については共通テキストの作成がなされる向きはあるものの、一般的には十分になされていない。このような傾向は、恐らく関西学院も含めて旧制大学時代での教師が独自のカ

リキュラムによって行う講義形態のあり方が、今に至っても影響しているものと推察される。

　このような実情からは、中等教育の積み上げとして大学が成り立っているとは考えられず、大学の教師の教育作業は、基礎工事が不明なままの建築のようで、オーバーに言えば「砂上の楼閣」の建設を思わせる。

　一つの問題は、中等教育の「経済」についての教育のあり方であることは、前項の最後のところで触れた。大学生に「経済」教育するときの一番の問題は、具体的な経済問題を解り易く説明する場合である。

　大学の教員は経済知識については、分野にもよるにしろ当然、周知しているし、格段の知識量である。しかし、このような知識を主に講義によって伝達するときに、いわゆる知識の切り売りが効果を上げるのは、聞き手に基礎知識があるか、関心と興味を持っている場合である。おおむね、熱心に講義を聴き、ノートをとり、試験に際して記憶したとしても、聞き手の以上のような姿勢がなければ、時間とともに知識は消えていく。これでは「解り易く」知識の伝達が十分になされているとはいえない。

　大学で「解り易く」講義をする時の不可欠な要件は、例えばある経済制度を説明するとして、その制度が「なぜ」必要なのかを中心に、必要があるとすれば、「どのような」しくみである必要があるのか、さらに簡単には「何時ごろどのような契機で」(歴史・時間的知識)「どこで(国とか地方)」(地理・空間的知識)、そのような制度が生まれてきたのか。制度であれば、法律も必要かもしれないが、そのことを経済学として教育することから、以上のことを説明しようとすると、経済的論理なり経済理論による説明が不可欠となる。

　ところが、中等教育では、経済的論理や経済理論がほとんど用いられないで、具体的事象について説明がなされていることから、経済的理解はほとんど進んでいかないか、せいぜい用語を覚えたり、簡単な内容が理解されたりする程度と思われる。それでも知識を積み重ねて記憶できていれば、先ず成果はあったといってよい。

しかし、事態はそう簡単ではない。大学に入学してくる学生の多くは、社会科については「地理」「歴史」が中心で、「公民科」を学んでくる学生は多くない。そうだからとは断定できないが、入学してくる経済学部の学生がこのような知識は先ず持っていない。

　大学で経済学を教えていく困難は、中等教育までの「経済」教育の不足、しかも多くの場合は、ある程度教育がなされても、経済的論理や理論的展開はきわめて不十分であるという点である。

　ところで、大学で経済学を教える教員は、極めて高度な経済理論や経済学的論理に習熟していることから、「経済学」初歩の教育においても、理論的展開という抽象的なレベルから始めようとする。「経済」についてはある程度知っているという前提があるのかも知れない。

　さらに一言付け加えておくと、高校での社会科の「地理」「歴史」への集中は、「公民科」の教科書のあり方にも影響を与えている。先に、高校「公民科」の教科書を数種調べたことを述べたが、そこでの一つの傾向は、経済に関しても資本主義経済の歴史的歩みを中心に叙述されていたり、戦後における日本経済の展開が述べられたりしており、ここで問題にしている経済のメカニズムや具体的な活動についての焦点も歴史的展開に傾斜している。

　先に取り上げて紹介した教科書は、その中で珍しいものと言ったのはその意味である。

　以上のように、今日、大学の「経済学」教育において教員と学生の間にある離齬は、まさに中等教育と高等教育に橋がかかってないか、架かっているにしても人が渡れないような橋にもかかわらず、あたかも橋を渡ってきたという前提で、大学教育が始まると例えることができる。このような状況でも、一昔前には学生が授業についてきたことは、最初に述べた。

　こんな事態が、今日、大学における「経済学」教育の変革を求めてきた理由であり、わが学部が今回の授業改革をしようとした中心にある問題点である。

Ⅱ 何が問われているのか

Ⅱ-1 アメリカの大学を「経済学」教育のモデルにすること

「制度化」した経済学の教育が、わが国にも導入される頃から、経済学教育のあり方をアメリカの大学におけるものをモデルにする方向がとられた。とりわけ、教員の留学先としてアメリカへの流れが強まるとともに、研究者を目指すものがアメリカの大学院ドクターコースでのPh.D取得が有力な教育課程となってきたことにもよる[4]。

アメリカの「経済学部」は、日本に見られるような規模の大きなものではない。基本的には、「総合教養学部」とでも呼ぶことができる、文系から理系までのかなりの数の学科（デパートメント）からなっているカレッジの一学科の場合が通常である。したがって、経済学の教員は少ないところでは数人、一般的には十数人によって構成されており、科目の担当についても、例えば関西学院大学経済学部と比べて専門化されておらず、基本的な科目以外は細かく科目を設けず、大まかに主要科目を通して講義されているのが実情のようである[5]。

規模が小さいことは当然、収容学生数も少なく、日本で見られるような大教室での講義には出会わなかった。その上に、カレッジの課程では、主専攻（メジャー）に加えて副専攻（マイナー）の履修が求められ、人によっては経済と理系を取得することもある。したがって、卒業までに

---

[4] 以下の叙述は、筆者が1984年から85年にかけて、関西学院大学の最初の姉妹校であるアメリカ・テキサス州ダラスにある南メソジスト大学（SMU）に滞在して経験したことに加えて、さまざまなその後の情報によったものである。当大学は、中心学部の一つとして、カレッジ（10数個の学科［デパートメント］をもつデッドマン・カレッジ）があり、それぞれPh.Dコースをもつ大学院課程が含まれ、経済学科はその中の一つである。

[5] SMUでは、筆者の専門領域である「財政学」の科目はあったが、滞在期間には不開講であり、財政関係の講義は、政治学科での「行政」関係や、行政大学院（パブリック・アドミニストレイション）関係科目、ロースクール（大学院）の税法といった広がりがあり、日本のように経済学部で財政学を学ぶにはかなりの困難な状況であった。

経済学だけを学んで終了することは、通常ありえない。

　以上のような教育が、アメリカ流の「リベラルアーツ」と呼ばれるもので、明らかに大学院教育のスタンスと異なったものである。ある意味で、アメリカの大学での経済学教育で、日本人が経験してきたものは、主に大学院教育であって、カレッジ教育の消息は多くは伝えられていない。

　筆者がアメリカで経験したカレッジでの経済学教育では、経済理論の領域でも、20年前にはほぼ図形によって理解を求めるもので、数式はほとんど用いられていなかった。この頃には、アメリカの大学教育改革が意識され、少人数のカレッジにおける「リベラルアーツ」における徹底した基礎教育のあり方が高い評価を受け始めていて、本格的な経済学教育は大学院に委ねられていたと言える。ここで「徹底した基礎教育」というのは、必ずしも理論の精緻さという研究者レベルの視点ではなく、経済学的論理やミクロ、マクロの基礎理論を同一講義内でも繰り返して教え、それを現実の経済、それも比較的わかりやすい例示を用いて応用して見せ、いくつかのエクササイズを受講者が行うという形で進められるものである。まさに学生の理解度と興味に見合っての講義といえよう。

　このような教育形態に至ったことについては、その時までのアメリカにおける経済学界のたゆみない検討の歴史があった。「アメリカ経済学会」の年次総会が毎年1回開かれ、その中に経済学教育部会が設けられている。その記録が、各年に発行される「アメリカン・エコノミック・レビュー」の1号が当てられて、簡単に知ることができる。個別のペーパーがいくつもその時期より前に掲載されているが、筆者の調べたところによると1966年が、部会報告の最初である。

　この記録は大変興味あるもので、毎年1つのテーマの下に、いくつかの報告と討議からなっている。内容は多岐にわたっており、ハイスクールでの教育内容からカレッジでの内容、計量やコンピュータ教育、さら

には大学院教育に及んでおり、同じテーマが繰り返して取り上げられてもいる[6]。大学が大衆化し、今日ユニバーサル教育と言われる教育のレベルと内容が要請されたことに対する、いち早い取り組みであった。

このことは、今日、日本における大学での経済学教育のあり方のモデルを示している。現に、既に触れたように、日本においてさまざまな試みが始まっており、わが学部の今回の取り組みも同じ線上にあるといえる。

II-2 学生の現状と大学教育を受ける側の姿勢

筆者は、新入生を対象とする当学部開講選択科目である「社会科学入門」のテキストの一つとして、『大学への招待状』と題する小冊子を公刊した。その中で、かなり詳しく現代の大学における大学生と教員の問題について論じた[7]。

そこでの論点の1つは、今日、学生と教員の間に見られる意識の食い違いについてである。中心にある問題は、大学進学率が50%に達しようとしている大学大衆化時代の中で、大学生の入試をクリアーする力と学習への意欲が必ずしも同じ方向には向いていないことと、教師側は、なんと言っても研究者としてのキャリアを学部以来積んできたのが一般的であることから、学生のこのような受験後の「学ぶ」意欲の問題に共感が持ちにくいということである。よく言われることであるが、「馬を水際に連れて行くことはできるが、飲むのは馬次第である」の例えのように、学習意欲の欠如を専ら学生の姿勢に問題があるといい勝ちである。筆者はそのような現象は、教師の「秀才」性という言葉を用いて、その問題についての所見を述べた[8]。

しかし、一方で、高校教育での成果が大学教育の前提ということなら

---

6) 本章の最後に参考のために、1966年以来の統一テーマと報告テーマを列挙した。
7) 山本栄一『大学への招待状―講義「社会科学入門」での大学論』関西学院大学出版会、2003。(2000年発行『おそるおそるの大学論―「社会科学入門」の入門』の増補版)
8) 同著、20-23頁参照。

ば、高校にいたる「社会科」とりわけ「経済」に関する教育はきわめて不徹底なことは既に述べた。ごく最近の簡単な小学5年生と中学2年生のアンケートによると[9]、「小学生では社会離れが深刻で、中学生になると数学嫌いが一気に進むようだ」と報告している。小学校の教科書を見る限り、中高と違って、かなり興味をもてるように作られていての結果となると、中高の教科書の内容から見ると、社会科（特に経済関係）について、それが解消されるとは思えない。

高校までの社会科教育の方法で、大きな問題は、教科の内容が歴史、地理に中心にあることから、「経済」の扱いも歴史的、地理的に傾きがちである。それは教科書を読み比べても明らかである。経済、特に市場経済のメカニズムへの興味深い展開もほとんどない。加えて、論証抜きの推測であるが、「社会科」の教師の多くが経済学をあまり学んでいないことにも原因があるように思う。

その上に、日本の学校教育において、「オカネ」についての教育は意識的に行われてこなかった。ようやく、最近における経済のグローバル化や、ここ10年にも及ぶ長い経済停滞において、初等教育にも「オカネ」について教えることの必要が認められている。小学校のバーチャル・マーケットでの実地の学び、中等教育での企業を含めての社会の現場でのインターンシップの導入など、急な展開がみられる。経済界も学校教育に企業活動に「役立つ」学校教育のあり方を性急に求めているようにも思える[10]。

同様の問題は、「労働」についての中等教育の基本姿勢にも見られる。「働く」ことは子供の頃から身につけることである。日本でも多くの労働者がサラリーマン化しない時代には、農業は言うまでもなく家業に携わる家庭は、子供も労働力の一翼を担った。今日はどうだろう。「働く

---

9) 日本経済新聞　2004.10.2 朝刊。2004年1月に芦屋市が市内の小中学校で実施したもの。
10) 企業が高度成長時代に大学について描いていた一般的な傾向に関して、筆者のとらえ方と考えを、先の大学論で触れている（33-40頁）。

よりも勉強を！」をスローガンにするごとく、学校教育でも「働く」教育をする地盤を基本的に失っている。多くの高校では、アルバイトは原則禁止と聞く。「働く」ことの副次的なマイナスはある。それをさせないためといいながら、その実、完全な管理教育に陥り、多くのものを失い、「働く」ことが教えられない現実をもたらした。

少し話がそれるが、先の大学新入生の講義「社会科学入門」のはじめのキャンパスライフについての話の中で、アルバイトの功罪について話すが、「功」についても話しているにもかかわらず、「罪」の指摘に敏感に反応、筆者に対する何らかの批判をする受講者が多数を占めている[11]。初めはもっと丁寧に講義をすれば、言わんとすることをわかってくれるのではないかと思っていたが、思い当ったことは、彼らの「労働」体験の不十分さから来る理解の至らなさがあるように思うようになってきた。

大学で「経済学」を教えることは、特に経済学が市場のメカニズムを理解させることを目指せば、それは大変困難な道のりであることがわかる。従って、経済学に学生が喰いつかないという教師の嘆きの前に、今日大学に入ってくる学生の現実を見据えることから、まず始まると観念せざるを得ない。

II-3　キーワード「知的興味」「問題意識」

大学は一般に「象牙の塔」とか「理性の府」とか呼ばれた時代があり、今、その内実が全く失われたわけではない。しかし、大学がもつ機能や役割は、その時代からすると、著しく拡大し、ある意味で高等学校の後期「中等教育」の継続ないし復習といわれる部分が、少なくとも大学1年目には加わっている。同学年を教える側の教師からすると、そうした心構えが求められている。

筆者は、1990年代の初めに、しばらく開講されていなかった入学1

---

11) 前掲『大学への招待状』、40-42, 92-93頁参照。

年生配当の「社会科学概論」の科目を衣替えして、「社会科学入門」として開講することを提案した。その目指したことは、今述べた大学と新入学生の置かれている状況の急激な変化に対応したいがためであった。

「社会科学入門」とはいえ、経済学を含む社会科学について講義するためには、少しは経済学を学んだ2〜3年生の方がふさわしいと思われる。本当のところは、「経済と経済学を学び始める心得」とでも題した科目にしたいところであるが、いくら時勢とはいえ、このような題名の科目を開講することには、教授会で同意を求めることは難しいだろう。その意味で「社会科学入門」は少々内容と不釣合いであることは承知しての開講であった。

すでに、経済学講義の展開において、中学か精々高校初めに習う数学を使うことも困難であることが知られてきた。数式展開には極端に興味を失うのである。英語学力の低下、授業態度の悪さなど、特に文系社会科学関係の学部教育が大きな曲がり角に立った感があった。受講者の知的「関心」や「興味」をどうすれば惹きつけることが出来るかは、問題を感じていた教員の共通の課題でもあった。

変な話であるが、子供を育てる時、親や教師を含めた大人は、しばしば「いちいち理屈を言うな」という発言とともに、こどもの「なぜ」という疑問を抑えようとしてきた風潮や傾向がある。これが儒教の伝統の中にあった日本のこれまでの流れであったのかどうか、それは別の問題としても、この傾向は「大人との対話」が一層減ってきたといわれる現在、少なくとも成長期の子供の「知的」関心を削いできたことは間違いない。

ところで、近代科学のスタートは、一切を超えて素朴な「なぜ」という疑問からであることは、いまさら言うまでもない。大学において「なぜ」という問いかけをしたり、問いかけに答えようとする知的な活動が欠けているとしたらどうだろう。筆者が、科目名はともかく「社会科学入門」を開講し講義をしたいと感じた理由はそこにある。

それに加えて、それまで当然と思っていたことで、近年急に気になっ

ていることばが、「問題意識」[12]である。ある時期から、ゼミ生を初めとする大学生に、「いま何か問題意識があるか」という問いかけに対して、意外にもことばは知っているものの、「問題意識」がどういうことなのかがはっきりしないのである。それもかなりよく授業に食いついてくる学生にしてそうなのである。

確かにすべての学生が同じように「問題意識」を持っているわけではなく、濃淡はあることは当然である。しかし、60年安保や69〜70年の学生の反乱に伴う大学紛争を経験してきた者にとって、「問題意識」が何であるかについて意識的でないなどは思いもよらない状況である。ひょっとするとある世代から、知的であるか否かに関係なく、「問題意識」が徐々に希薄になり、不確かになったのではという思いがし始めている。

人はいつも何か「問題意識」を持つべきだとはいえないのではなのか。知的ということは、出来るだけ多くの知見を持っていることで、その知見が生み出されたプロセスはそれほど大事なことではないのではないか。こんな思いが一般的になり始めているのではという疑問がある。またこのような一般的傾向が広がっているとしたら、それがなぜかは、ある程度推測のつくこともあるが、ここではこの問題に踏み込まないで、本来の課題に戻りたい。

「知的興味」や「問題意識」というキーワードは、「社会科学入門」開講の動機であるとともに、大学新入生に「如何に経済と経済学を教えるか」に何らかの答えを得たいという動機でもある。

II-4 「リベラル・アーツ」と経済学入門教育

文系、理系という区別には、大学が「リベラル・アーツ」を目指すというとき、それほど大きな壁はない。ある意味で、高校においてもこの区別はあまり意味を持っていない。問題は、日本の旧制高校にあった「文

---

12)「問題意識」と研究について、社会学との関係ではあるが、次のようなものがある。大谷信介編著『問題意識と社会学研究』ミネルヴァ書房、2004。

系」「理系」の進学時点での区別と教育内容、その後続の旧制大学ではこの区別は厳然としたものとして設けられていた点である。

　旧制大学は今日からすれば、現在の大学院教育の要素が強い。これが、1948〜9年度からの新制大学の設立に大きく影響している。旧制高校や大学予科の教育課程を吸収して、新制大学の「教養課程」を構成し、1990年代の「大学の大綱化」方針で自由化されるまで、大学の入学後の教育を大きく縛っていた。

　「教養課程」では文系、理系の区別を歴然とさせないで、「人文科学系」「社会科学系」「自然科学系」を満遍なく学ぶという教育方針で、一見「リベラル・アーツ」風に見えていたものの、その教育内容はあまりにも高校教育とは不分明で、教える側も学生も絶えず不満の対象であり、その実はあがっていないというのが大方の判断であった。そのためか、新制大学制度がスタートして以来、「教養課程」の「リベラル・アーツ」化はなし崩し的に解体されていった。出来るだけ学部教育本来の「専門課程」を組み込み、旧制以来の「文系」「理系」の壁は意識的でなかったにしろ崩れなかった。とても「リベラル・アーツ」の理念が入り込むことが困難だったというのが、実態に近いように思える。

　大衆化大学から、さらにユニバーサル大学と言われる今日の大学に、「リベラル・アーツ」の本格的な導入ないし確立とは、どういうことなのだろうか。

　その一つのモデルは、「教養課程」策定に際して採用されたアメリカのカレッジ教育[13]に、もう一度立ち返ることだろう。アメリカの「カレッ

---

13) 大学教員としてリベラルアーツ教育を体験するべく留学し、その記録を一冊にしたのが、宮田敏近著『アメリカのリベラルアーツ・カレッジ―伝統の小規模教養大学事情』玉川大学出版部、1991. アメリカの大学の紹介を歴史的順序で行い、その最初にリベラルアーツが取り上げられているのが、中山茂著『アメリカ大学への旅―その歴史と現状』リクルート出版、1988. アメリカの大学での経済学教授として、リベラルアーツも含めた大学事情を日本の場合と比較したものが、佐藤和夫著『アメリカの社会と大学』日本評論社、1989. 日本状況からリベラルアーツに説き及んだものに、阿部謹也著『大学論』日本エディタースクール出版部、1999. があり、「人文社会系教育のあり方」として論じている。

ジ」教育は、ヨーロッパ中世以来の「リベラル・アーツ」をアメリカ化したものということができる。

　カレッジ（college）の中には学部（school）ではなく学科（department）が、文系、理系の明確な区分を設けず、人文科学、社会科学、自然科学の各分野にわたって多数設けられ、学生は1つの学科に属し主専攻（major）を学ぶとともに、多くの場合、副専攻（minor）を他の学科で学び、広く「社会への門口」としての大学教育を身につけていく。

　ヨーロッパ中世以来の大学の伝統は、専門家教育としての神学、法学、医学を「リベラル・アーツ」の後続教育と位置づけており、専門職に就くための専門教育を、広く一般教養を学んで後に、改めて受けることになっている。現在では、技術教育を含む工学、農学などの部門も専門教育分野ということができる。このモデルは、ようやくわが国にも、専門職大学院として新たに展開し始めている。

　現在の大学学部教育の転換に際して、「リベラル・アーツ」教育をどのように再構築するのか。このことが、現在進行中の学部教育改革の鍵を握っているといえる[14]。

　近年の新学部設立と既存学部の再編成によって、伝統的な従来の学部のあり方にこだわることなく、目新しいというよりも新奇な学部が続々として登場している。この現象を大学の悪い意味での変容ととらえて、この流れを苦々しく思う向きがかなりを占めているように思える。

　しかし、ここに、日本の大学が今、問われている一番大きな問題が内在していると言える。先に、大学のユニバーサル化について触れた。とりわけ、大学の主役である教員がこの現状に戸惑い、大学にいることの位置づけであるアイデンティティを得るのに手間取っている現われではないか。

　アメリカ流の「カレッジ」教育は、決してカレッジの学部教育に留まっ

14）この点については、山本栄一著『大学への招待状』関西学院大学出版会、2003、にもう少し突っ込んで論じている。

ていない。多くのカレッジは、マスター・コース、さらにドクター・コースを設けて、大学での研究者養成の機関でもある。このメリハリをつけることが、「カレッジ」教育におけるシステム構築の重要な要であることを、いま教員が自覚することが切に求められている。

そう考えると、ある意味で見方を変えると、日本の大学における学部教育は、「カレッジ」教育に容易に移行できるシステムとなっていることに気づく。先に述べた現在の学部改編は、従来の学部の壁を低くして、いろいろな学問領域から、あるテーマを学んで、リベラル・アーツの教育を行おうとしていると見ることができるからである。

経済学部は、日本の大学の歴史では、早稲田大学を代表として「政治経済学部」の歩みと、帝国大学の法学部からの分離独立、それに商科大学系の「商学」系との一体的学部などの歴史があり、それぞれ特色ある展開がなされたものの、新制大学ではすべて「リベラル・アーツ」風に制度改革する予定であった。しかし、ほぼ旧制大学風に戻ることが一般的傾向であった途上で、1990年代から急速に方向転換を求められ、もう一度「リベラル・アーツ」のあり方に立ち返らざるを得ない状況である。その理由は、改めて次項で取上げる学生の多様化を中心とした学生の変貌への対応のためである。

学部教育においては、経済学系だけではないが、先ず社会科学系の学部の壁を低くして、カリキュラムの柔軟な相互の乗り入れと、さらには近年の新学部構想を含めた学部改編の流れである、学生のさまざまな「求め」に応じた新たな複合分野での教育案の提示という方向で、「リベラル・アーツ」教育に徹するということである。

ここで「リベラル・アーツ」教育といっているのは、制度的にはアメリカのカレッジのような複数専攻への道をたどりながら、他方で教育の内実としては、学生の「知的」関心や「問題意識」を引き出すことを目指して、学部が対象とする問題テーマを繰り返し繰り返して、さまざまな教育方法を用いて、「調べ」「分析し」「考える」ことに徹せられるよ

うに訓練することであると、要約することが出来る[15]。

II-5　学生間の落差　——受身か主体的か

　大学教員だけではないが、学生選抜の公正さは「筆記試験」にあると思い込まされている感がある。その「入試」にパスすることが、大学教育を受ける態勢が整っているかどうかという「知的」の関門をパスしたとするのも、同様の思い込みとなっているようだ。「入試に合格したんだから、これぐらいは理解できるはずだし、理解しなさい」という教師の掛け声は、こんな思い込みと無関係ではない。

　これは全く間違いでないにしても、うまくかみ合わないボタンの掛け違いの例と言える。一体「勉強する」ということが、教師と学生の間に同じ意味を持っているのだろうか。

　入試合格が大学での学業と結びつかないのは、すでに述べたように、大学では「知的」作業が「勉強」の内容ということだからである。高校までの教育は、変化する兆候はあるものの、教えられたことに答える「記憶」中心の訓練を繰り返している傾向が強い。ものごとを「考える」ことは、時間もかかることもあり、ともすれば脇に追いやられている。

　それが突然、大学に入るなり「考える」ことが中心になれといっても、とても無理な話である。勢い、知識の伝達の講義が中心になり、大量の知的情報を学生に伝えることが教師の役割のような態をなすというのが実情のようだ。多くの学生は、消化不良を起こし、大学の授業は面白くないという。案外、教えられた内容の正否を問う試験には興味を示し、試験に対応しようとして「憶え込」み、高得点に満足する。

　しかし、こんなことを繰り返していても大学での「知的」作業が進んでいくとは思えない。やがて、「考える」ことを抜いた「記憶」によって獲得した知的情報は、多くは忘れられていく。

---

15) 山本栄一著、前掲書にこの点について、具体的に展開している。

その1つの証拠は、入試合格での「英語力」は、その後の英語強化の基盤とならないという、大学教員の嘆きがある。学生自身も入学後の「英語力」の低下を自覚している。それはどう考えても、「記憶力」依存の学習姿勢の結果であろう。高校時代に、英語を解読する力をつけるために、辞書を片手に一人で読んだという経験は、恐らく大学での「知的」作業に確実に結びついてくる。そこでは自分で、「考え考え」文脈をたどろうとしているからである。

　しかし、大学に入学してくる学生をすべて、以上のような紋切り型に要約できない。大学生となるまでの経験は、一見共通しているようで、必ずしもそうともいえない。一様であるようで、ある意味で古い時代の中高生より多様であるはずである。家庭生活や子供の生活環境から、ステレオタイプの学生像を描きがちであるが、経済的な豊かさの中で、選択の自由が広がり、多様な成長期を送ることを可能にしているからである。

　それにもかかわらず、大学特に文系の学部は、大なり小なり講義中心のマスプロ授業になりがちである。その時、多様化する学生層のどこに焦点を合わせるべきか。これには一律の答えがない。それ故にこそ、学生の「求め」に応じた、多様な切り口と担当者による講義や、演習のようなさまざまな個人的な能力に対応し訓練する授業が、組み合わさって提供されることが模索されている。本格的な日本式「リベラル・アーツ」教育の展開でもある。

　「記憶力」は「知的」能力の大きな基礎であることは間違いないが、年齢に応じた「ことば」を介在した知識の蓄積と、状況に応じた「ことば」による応用能力を身につけていくことが、「知的」能力開発の道である。

　大学での「ことば」の新たな能力開発は左程ないと思われがちだが、日本の学校教育は高校といえども、「聞く」こと、ノートに「書く」こと、筆記試験に「答える」ことなどが中心で、「話す」こと、「論ずる」こと、「質疑する」こと、「対論する」ことといった思考力や表現力を養うとい

う授業時間は、極めて限られている。

　このように大学までの学校教育の成果を要約することは、先に「記憶力」中心の教育という要約と同様、ステレオタイプに過ぎる。現場で学生に出会う限り、学習姿勢としては「真面目」ではあっても、依然として受身の姿勢を変えられない学生がいる一方で、一見「真面目」とは見えないながらも、自分で物事を考えようとする主体的な姿勢を芽生えさせている学生もいる。

　どちらが「良い」学生か、一概に言えないものの、「真面目」で受身の学生は恐らく筆記試験に好成績を挙げる可能性がある。一見「真面目」に見えない学生の成績は芳しくないかもしれないが、大学の教育姿勢にうまくマッチすれば、「知的」能力を開発する可能性がある。このような例に見られるような学生を両極に、その間にさまざまな学生群が在学するというのが、ユニバーサル時代の大学の実態である。

　先に筆者が「社会科学入門」と題した講義をしたいと思ったのも、すべての学生には届かなくても、このような広がりをもっている新入生に、何とか「大学についてのメッセージ」を伝えたいと思ったからである。

II-6　日常的な経済生活を自己の認識対象として受け止められるか

　ここで、もとの「経済学入門」講義の内容に戻りたい。

　すでに高校までの歴史と地理に関連しない、経済を含めた「社会一般」に関する教育の問題点は指摘した。この状況は一朝一夕で変えられるものではないし、その責任を高校以下の教育に押し付けて済むものでもない。

　日本の大学教育を頂点とする教育体制について注目するべきことは、特に大学における学部教育では、社会科学の比重が大きいということである。それにもかかわらず高校までの「社会一般」に関する教科について、具体的な教育に欠けている点は、今述べた問題点に対応するための考えるべき要点である。

この現実に大学教育が対応するためには、少なくとも「社会一般」についての具体的現実を伝えることが、何よりも肝要である。その中では、法律や会社経営、あるいは社会文化などについて、とりわけ日本の現実に目を向けさせる場合、具体的ケースを提示するなどすれば、何らかの関心を引きながら、新入生に現実を伝える手がかりはある。

　その一方で、政治や経済などについては、歴史的・地理的視点とともに、制度的枠組みに加えて、政治・経済現象固有のある種の法則性が見られる領域でもある。それらの政治・経済に内在する特有の「一般的特性」を抜いた現実の伝達には、かなりの困難がある。そのために先ず、この「一般的特性」から伝達し、一挙に現実を伝えたいという強い動機が生まれてくる。これが、経済学入門教育の場合に、極めて初歩的なものにしろ、市場経済の論理的展開を中心に置くことにつながっている。

　しかし、新入生一般は、産業や企業、各種市場、家計経済といった広い経済分野の実態について、素朴な実感や知識を持っていないといってよい。そのために、高校までの学校や家庭を含めた社会の中で、ある程度身に付けていることが期待されている経済分野の実態について、出来るだけ新入生が興味を持つだろう形で講義せざるをえない。この点で、「経済学入門」講義では、高校社会科の継続授業として、同教科を再度講義する部分が占めるのもやむをえないのである。

　経済学部の授業の中で、比較的学生の評判が良い科目に、実務家による経済の実態についての講義がある。ただし、新入生のためのものではなく、ある程度経済学について学んだ学生が対象である。考えようによっては、新入生を対象にそうした講義があってもいいのかもしれない。

　しかし、新入生に経済の実態を「わかりやすく」「興味を持って」教えると言っても、先に述べた経済が持つような法則化を伴う「一般的特性」を抜いて、経済の現実を伝えることは、経済や経済学の学習を進める上で、効果的な教育内容にはならない。

　経済現象を伝えることと、その現象に内在する「一般的特性」を伝え

ることという2つのことを、同時に進行させるということが、「経済学入門」講義が立ち至る一番困難な問題である。その意味で、入学者のかなりの学生が高校までの社会科で、経済と経済学の予備知識を持っていることが望まれるのである。

　経済の「一般的特性」を理解するための知的操作については、節を改めて次に取り上げるが、現実の経済を一般化し抽象化する知的操作については、新入生にはすぐには理解できないのが通常である。卒業までには、こうした知的操作を、ある程度できる能力を身につけることが望ましいし、実際にはかなりの学生が身に着けてくる。こうした知的操作の習熟度を確かめることによって、経済学が大学においてどれぐらい教育の成果をあげているかを、ある程度尋ねることができる。

　経済学部へ入学してくる学生が、経済や経済学に関心を持っている割合は多くない。これといった実務的なコースも資格も、経済学部で特に得られるというものがない。したがって、いずれ経済界に社会人としては巣立って行く上で、選択肢の広がりがあると思われている。言葉は悪いが「潰しが利く」学部とも言われることもある。それだけ、経済に執着する程度も薄い。引いては、大学で学習する刺激や意欲が欠けがちになる原因ともなっていると思われる。

　近年変えようとする傾向がでてきているものの、学校も家庭も社会全体も高校生までの生活で、経済を実感したり、そのことを学ばせることが少ないことについては、すでに触れた。大学生になれば、時に下宿生活やアルバイトをすることなどを通して、経済生活に直接かかわる機会を持つ。それでも、新入生となった時点では、ほとんど経験がない。新聞や電波情報で、経済ニュースへの関心も余程のことがない限り、これからという時期である。

　その点で、新入生への経済教育の大きな悩みは、本項の表題である「経済が日常的に自己の認識対象になっているか」という点である。

　佐和隆光教授は、早くから、「経済学の制度化」の問題に取り組み、

経済学教育についてもさまざまな問題を投げかけてきた。例えば、1980年代初めに、アメリカの子供用経済教育絵本である『レモンをお金にかえる法』(正・続2冊)を翻訳している[16]。

この絵本の主人公の女の子は、友達と一緒に街頭でレモネードを作って売るという設定で、経済のしくみ、特に市場の働きを教えようとしている。こんな事例を持ってきても現状のわが国からすれば、無い物ねだりのようなものであるが、恐らく子どもがレモネードをつくって売るという行為を禁じているに等しいわが国からすると、この違いは経済を実感する点で彼我の違いでもある。

このような状況の中で、経済学部の教育が始まるという現実は、常に意識されていることが求められる。

III 経済のリアリティと理論

III-1 経済の「リアリティ」とは何か

筆者の学生時代である1950年代末から60年代初めにかけて、「資本主義」と「社会主義」のどちらが経済体制として優位性を持つかについて、経済の仕組みもよく分からないながらも、現実感をもって、高校生でも議論の対象にしていた。当時は、日本の政界も、この体制のどちらに軸足をおくかで、保守と革新、右派と左派にくっきりと分かれていた。経済の仕組みよりも、イディオロギー論議であったとはいえ、ある種の経済論議にリアリティがあったのではないか。日本の経済学も「マル経」

---

16) Louise Armstrong (text) & Bill Basso (illustration), *How to Turn Lemons into Money* : a child's guide to economics (1976), *How to Turn Up into Down into Up* : a child's guide to inflation, depression, and economic recovery, (1978)(佐和隆光訳『レモンをお金にかえる法』『続レモンをお金にかえる法』共に、河出書房新社、1982。)「正編」の英文原書は訳本出版の年の『経済セミナー』誌に別冊付録としてわれわれの目に触れた。

「近経」に分かれ、「マル経」がまだ優勢でもあった。

　ところが、「近経」のケインズ経済学は、資本主義下の長期停滞が市場の内在的欠陥から生じるという点で、「マル経」と近親性を持っており、「マル経」陣営とケインズ派は、政府の機能を重視する点で共通するなど、市場を修正するという経済政策上の立場にも共通したものを持ってきていた。

　しかし、この頃から、第2次世界大戦後の世界経済秩序が回復するにつれて、先進各国は自由経済体制の枠組み再建に取り組み始め、特に国際貿易においてその動きが進められていくことになった。政府のかなり強い統制下にあった市場における価格についても、市場の需給による伸縮性の回復から、とりわけ変動為替レートへの移行の途上で、2度のオイルショックを経験して、所得分配の平等性を優位さの特徴としていた社会主義経済の統制力は、国内経済の停滞と行き詰まりを招いた。その結果、市場化への道が必然的となった社会主義経済は、壮大な70年の歴史的実験の幕を閉じた。

　この一連の経過も、先の資本主義と社会主義の比較問題と同様、ある種のリアリティをもって受け止められてきた。ところが、資本主義が勝利したわけではないにもかかわらず、残された経済体制は資本主義ということになり、注目される経済問題は、体制問題といった大きな歴史的展開とも関連するような形のものから、もっぱら市場経済という理解するにはやや技術的な知識も必要とする狭い範囲の経済領域に移ることになった。この時点になれば、経済活動に従事していない高校生はもちろん、大学生も経済問題に対するリアリティは薄れていかざるを得ない状況となった。

　社会主義経済と資本主義の比較体制への関心は、市場経済といった純粋に経済に限定される問題としてより、国際政治の国家間関係や経済的正義といった若者が持つ倫理観に訴える点が大きい。何よりも2つの体制の二項対立がもつ分りやすさがリアリティの根っこにあったと思え

る。
　それでは今や、学生にとっての「経済のリアリティ」とはなんなんだろうか。
　実のところ、社会人となっている「おとな」についての経済のリアリティにも、かなりの問題をはらんでいる。それぞれ経済感覚はおかれている状況によって異なっているにしろ、一般に敏感である。言い換えれば、それぞれの業種のサラリーマン、大小企業の各種業界の経営者、労働組合員、資産保有者、主婦といったさまざまな経済活動をする人（経済主体）によって、特徴的な経済感覚を身につけている。
　結論的にいうと、経済活動をしている「おとな」がもつ経済のリアリティも、かなり偏ったもので、必ずしも全包括的とはいえない。ある限られた経済活動をするからといって、包括的な経済知識は必要がないからである。
　この点については、これ以上は論じないが、経済問題について多少は専門別に分かれているとはいえ、経済知識についてのエコノミストが広範に求められるのは、経済問題を多角的、包括的にとらえるためには、さまざまな経済感覚や経済についてのリアリティを土台に、広い知識と判断が必要だからである。
　その意味で、学生に求められる「経済のリアリティ」は決して高級なものではない。経済や経済学を学ぼうとする大学生に、現実の経済の実態を何とか興味を持たせるように伝えることである。

Ⅲ-2　事実を知ることの困難さ　—「リアリティ」の客観化

　われわれは、自己の責任で経済生活をしている限り、確実にリアリティはある。そのリアリティは当の本人にとっては事実であり確かなものであるが、それはあくまで個人としてのリアリティであって、誰にとっても妥当する客観的事実といえるものではないだろう。
　学生がある程度経済問題に興味を示し、関心あるテーマに食いついて

くる時にしばしば次のような経験をする。

　テーマに関する何らかのリアリティを根拠に、分析や議論を展開しようとする時、なかなかそのリアリティの呪縛から抜けられないで、分析も議論も広がりを見せようとしないことがある。リアリティは当の本人にはテーマに接近させ、テーマに取り組ませる力になっていて、経済を学ぶ場合に不可欠な要因である。問題は、リアリティがあることではなく、しばしばそのリアリティはインパクトをもっていて、そのリアリティを崩すような知識を受け入れるのには時間がかかるということである。

　科学としての経済学は、まさに学問がもつ働きとして、このリアリティという主観的なものを土台に、リアリティの客観化をたどろうとしている。それは自分がつかまえたと思ったものが、経済という大きな世界の一部であり、その広がりの構造と、その中の経済活動を具体的に感じ、実感し、さらに新たなリアリティへ進んでいくことを可能にしてくれる。

　経済問題をテーマとして取りあげることは、それほど簡単なことではない。アルフレッド・マーシャル（Alfred Marshall）は、経済問題に取り組む時、人に求められるものは、「冷静な頭脳と暖かな心（cool heads but warm hearts）」であるという有名なことばを述べた[17]。筆者なりの解釈では、「経済のリアリティ」は経済学を学ぶ「こころ」に関係していると思えるし、「リアリティの客観化」は「頭脳」に関係していると思える。

　たとえば、近年、経済を学ぶ学生のかなりの数が、社会保障や社会福祉の分野に興味を示す。これは一言でいえば、この領域のテーマは容易に実感がわき、経済的リアリティが得やすい世界ということだろう。しかも、このテーマが公正さや社会正義と関係していることから、それが

---

17) "with cool heads but warm hearts" は経済問題に取り組む者のあり方として、マーシャルによって1885年にケンブリッジで、「経済学の現状（The Present Position of Economics）」と題する開講の挨拶で語られた。（A. C. Pigou ed., *Memorials of Alfred Marshall*, 1925. p. 174. 永沢越郎訳『マーシャル経済論文』1991、岩波ブックサービスセンター、31頁。）

損なわれていると感じると、そのことに固執するために関連している世界全体に目を広げることには時間がかかるし、時には自己の思いを乗り越えることが難しいこともある。このことは「学ぶ」ことに徹する前に、その人なりに当の問題を「生きる」ことに引き付けてとらえており、それだけ経済のリアリティが強いということでもある。

　しかし、社会保障や福祉の問題は、個人的問題ではなく、まさに「社会」的なテーマであり、社会的に共通の判断なり理解が求められており、「リアリティの客観化」すなわち「冷静な頭脳」の働きが、同時的に必要なのである。

　この「リアリティの客観化」を得るのに、経済問題では、経済モデルの組み立てを通しての理解が、スミスによる経済学の誕生以来の手法である。しかし、一つ気をつけなければならないことは、矢庭にモデルを提示して、経済について理解を求めることは必ずしも有効とはならない。

　事実を知ることは困難である。1つの事実に多様な側面があり、それをことごとく知ることはできないにしろ、主要な事実と周辺的な事実の区別、一回限りの出来事であるとはいえ、やや一般的な出来事とやや特殊な出来事といった区別は可能であり、必要でもある。そのためには経済問題のさまざまなデータを、時間（歴史）と空間（地理）においてかなり自由に知ることも必要である。これらの情報を断片的なものにしろ、各自がデータとして蓄えるという予備的準備がある程度あれば、モデルの提示は経済の実体の理解を進めることを可能にする。こうした手続きが、経済学入門教育を行う場合の心がける点であることは、何度も述べてきた。

　経済モデルの代表的なものは、市場経済の働きを理解するための「経済循環」モデルである。経済問題を理解する経済学の組み立てから、「ミクロ」と「マクロ」という区別がなされるが、このような経済学の具体的内容に入る前に、「経済循環」モデルはすべてに先立って理解されるべきモデルである。そこには、市場の働きの中心である経済諸力（market forces）としての需要と供給の力が、単純化された形で、経済主体によって徹底して展開されている。その諸力が働いてさまざまな価格が形成される姿が提示される。

　この単純化モデルは、広範で多様な経済活動の実態を、事実の全貌ではなくてもその経済的事実の重要な要素を知る手がかりを与える。モデルは経済モデルに限らず、正確な縮尺した寸法のさまざまなプラモデルの例を挙げるまでもなく、事実や事物の全貌を知るのに有効である。経済学を教える場合には、このことは一層大切なことで、モデル提示の過程で具体的データの例示を繰り返すことで、モデルに込められている実感、経済のリアリティを得ることが目指される。

Ⅲ-3　リアリティと理論に架け橋はあるのか

　現在、経済理論の最前線は、極めて精緻な数学的展開によって、専門家でも容易に接近し難い状況になっている。このような経済学の細分化と精緻化を、出来るだけエコノミスト共通の土壌に引き出し、広い理解を求めようとする努力も一方でなされている。

　例えば、アメリカ経済学会は、その機関誌である『アメリカン・エコノミック・レビュー』に加えて、学会の最前線のテーマと分析方法を出来るだけ平易に啓蒙する機関誌として、『ジャーナル・オブ・エコノミック・パースペクティヴズ』を年4冊発刊し始めたのが、1987年のことである[18]。

　この頃から、経済学のアメリカの大学院でのPh.D取得者の減少が注目され、同学会もしばしばこの問題を取り上げている[19]。これには、現実の経済の行き詰まりから、学生の経済学への人気が低下してきたこともあるが、経済理論の瑣末とも言える精緻化にも一因があるだろう。

---

[18] *The Journal of Economic Perspectives*: A journal of the American Economic Association は2月、5月、8月、12月の年4回発行される。
[19] 『アメリカン・エコノミック・レビュー』誌に、こうした調査報告が何度か報告されている。

「経済学の制度化」が言われ始めると同時に、経済理論が他の社会科学諸分野の分析方法として応用され始める現象を、「経済学帝国主義」と呼んで、経済理論の有効性について懐疑が表明されることもあったが、むしろ経済理論の新しい分野として積極的に評価されもした。その代表的学者が、ノーベル賞も受賞したシカゴ学派のベッカーで、その教科書は『経済理論──人間行動のシカゴ・アプローチ』[20]と題されており、経済行動以外の人間の行動も、経済的動機によって分析することが有効であるとして、他の学問領域のテーマにも理論の応用可能性を示唆し、これが広く影響を与えることになる。

政治における選挙行動や政策選択などの政治学の分野に、経済理論によって新しい地平を開いた「公共選択（public choice）」論の展開、国際政治の問題に、経済学によって開発された交渉ゲーム理論を応用している分野、同じく経済学でさまざまな形で長く展開されてきた効用理論を、人間の幸福一般の問題に応用する社会学の分野など、これを「経済学帝国主義」と呼ぶか、単に「経済理論の応用」と呼ぶかは、こうした学問的展開に対する論者の評価に関係している。

ただ、ここで簡単に描写した経済学の応用分野も含んだ研究対象の拡散は、多様なテーマへの関心を呼び起こし、経済学プロパーへの取り組みを減退させる他の一因となったことも否めない

経済学を教える場合、経済理論の最前線で研究すればするほど、経済学の初歩を学び始める実感を忘れがちになることは、当然予想できる。経済の現実をリアルに感じていなくても、経済問題が何であるかは十分把握する能力を身につけてきたからである。

純粋市場経済モデルにおいては、政府は存在しないという前提で、経済主体は需要側であっても供給側であっても、完全競争状態の中で、他と独立に自立的に意思決定をしながら、市場の価格決定に参画するとい

---

[20] Gary S. Becker, *Economic Theory*, 1971. 宮沢健一・清水啓典訳『経済理論──人間行動のシカゴ・アプローチ』東洋経済新報社、1976。

う図は、当然のように研究者には理解されている。しかし、このような思考実験は、多少の年月にわたってモデル思考の訓練を受けない限り、すぐにはイメージされない。

　教える側は、「これは単純化だ」「モデルだ」「まずこのようなものとして受け取れ」などといっても、教えられる側はすぐには理解できない。経済に対するリアリティが両者で噛み合っていないからだろう。

　経済学入門の講義で、経済活動について何らかのリアリティを伝えて、出来るだけ早くモデル思考へ移行しようとしても、経済の現実を伝えることはかなりの困難を伴っている。

　これまで何度も触れてきたように、経済の現実を網羅的に伝えることはかなりの時間を要する上に、これにも教える側の専門性からくる問題もはらんでいる。

　経済の現実を出来るだけリアリティをもって伝える1つの手段として、数量的な方法を用いることがしばしば行われる。確かにある種のインパクトはあるが、ともすると教える側の理解の中で提示するために、必ずしも有効になされるともいえない。

　経済統計には、数量化するためには、さまざまな概念の理解が不可欠である。もともと統計数字を提示することは、事柄を一層理解する手段であるはずで、統計数量で現実のリアリティを伝えようとする場合、統計数量の単純化と統計数字で把握されている概念の明確化が求められる。ところが、現代は経済の理解に当たっては、「統計万能」の時代といってもいいほど統計数字で表現する。

　経済学入門に講義においても、教える側が、案外無頓着にかなり詳しい統計数字を提示し、理解させようとする。統計数字を扱っていけば分ることだが、統計数字を読み解くにはそれなりの能力を必要としている。ある意味で一種の言語能力と言ってもよいものである。教えられる側に、こうした言語能力をそれなりに身につけていなければ、消化不良のまま教育効果はほとんど期待できないのが実情である。

経済統計は精緻化されているだけに、現実の経済についてのリアリティは、工夫した十分な準備をしないまま、統計数字の素材をコピーして提示するようなデータの提示は、経済を効果的に理解させないで、さまざまな誤解のもととともなる。

一つ例を挙げると、学生が経済問題をテーマに研究する場合、容易に手に入る統計数字を羅列して、その数字が示す一面のみを読み取って、他の側面に注目しない場合などが、その弊害である。

筆者は現在のところ、少なくとも経済学を教える側には、統計数字の洪水のような事態を起こさないように、禁欲的であるほうがいいのではないかと思っている。提示する場合は、統計数字で表される概念が理解できるように、経済の現実をあれこれ説明し、出来るだけデータを少なく絞って、その中から理解が可能な事柄を出来るだけ網羅して読み取らせ、経済の現実とその統計化による現実理解についての興味を引き出せたら、ひとまずの成功だといえるのではないか。

経済学の学びを続け、それを深めていく時、特に現実の経済への応用を目指そうとする時、大きな問題は「理論と現実に架け橋はあるか」という点である。研究者への道を歩んでいる者にとって、また現に研究者として活動している者にとっての問題点である。

財政を学んでいる筆者には、理論プロパーに取り組んだことがなく、ほとんどの場合、当該の制度的、歴史的視点を分析の要にしていたこともあり、理論的な抽象度が低いため、理論と現実の乖離をそれほど感じることはなかった。ということは、別のことばで言えば、理論をベースに分析している研究者からは、経済学研究というより経済制度や歴史に関する叙述的研究に過ぎないと見えるかもしれない。

経済理論研究の最前線と筆者が行うような研究との間に横たわる問題については、分析手法についての議論のあるところである。理論研究では、限定的なモデルの設定に基づいて、厳密な経済行動の分析と実証につながるシミュレーションがなされる演繹的手法である。制度的・歴史

的研究は、現実のデータを用いた帰納的手法によって、数式で現されるより遙かにラフなモデルを組み立て、そこから現実のさまざまなケースに適用する。実証には、両者とも計量的手法を用いることもあれば、叙述的なデータによることもある。

　制度的・歴史的手法を用いれば、「理論と現実に架け橋」が架かっているように見えるが、実際は、理論的展開の厳密さに難点があり、モデルを用いる理論研究に対置させることには必ずしも多くの賛意は得にくい。

　こう考えれば、経済のリアリティに視点を置く「理論と現実に架かる架け橋」は、いつの場合もどんな場合にも、満足のいく形ではありえないといわざるを得ない。特定の経済状況に関する経済予測が不十分な理由はここにあると言えるだろう。

　それでも大事なことは、単純な市場モデルの需給法則において働く市場の諸力の方向には不思議な客観性があり、この市場の諸力が機能する状況を知ることは、経済学を学ぶ大きな魅力であり楽しみである。少なくとも経済のリアリティを伴って経済を教える場合に、このような視点は「理論と現実の架け橋」として重要であり、入門教育の心得でもあろう。

III-4　行きつ戻りつ

　ようやく結論をまとめる段階になった。

　通常の教育過程は初歩における習得から、徐々に習得のレベルを上げる段階的学習が一般的である。その要点は、それぞれの段階で必要な知識を授け、それを記憶させ、次のレベルの内容を積み上げ、それまでのレベルの知識と組み合わせて、徐々に理解しうる範囲を拡大していく。特に初等教育の中心的手法であり、中等教育に近づくにつれて、蓄えた知識を応用して事柄の理解力を高めていく。ただ、わが国の教育における問題点は、知識の吸収に力を入れ過ぎ、蓄えた知識を土台とした理解力に意を用いることに欠けてきた。

確かに計算能力や漢字の習得量などは、数量的に達成度が分ることから、教育成果の測量はそういったものに傾き勝ちで、問題を把握する力や、事柄を構想する力といった創造的な力は、価値的なものと結びついていることもあり、客観性にかけることからも、教育成果ははかり難い。まさに入試を初めペーパーテストが知識偏重になるのは止むを得ないとはいえ、日本の教育界における1つの問題点である。

　高等教育においては、内容の理解度を別にすれば、知識の伝達はかなりの程度可能である。それでも、興味のない知識の伝達を通しては、事柄の理解を深めるのが困難であることは、大学の教師が痛切に感じていることである。知識の伝達と同時に、その事柄に対する興味や関心が付随していなければ教育の成果は上がらないということである。

　経済や経済学教育が今日立ち至っていることは、このような教育現場の嘆きと関連している。学生の理解力が欠けているというより、学習の動機付けが欠けているというべきであろう。

　高等教育における理系においても、同様にテーマに関して学生の興味や関心の問題は抱えているものの、モデルの習得は現実の技術習得に直接結びつく。このことは、実利的にしろ学習の動機付けになっている。その点、社会科学、特に経済学においては、実利的な面が希薄ということに加えて、経済現象は部分的な理解のレベルでは、なかなか経済の実態が分らず、初歩的なものにしろ理論的な解析力を加味しなければ、興味を持って理解を深めることは難しい。それは同時に、社会科学の対象である現実は、ある種の法則性はあるものの、1回限りの現象であり、自然科学系の実態とは異なっていることも、経済の実態に関する何らかの興味が付随していることが必要である。

　学部レベルの経済学入門教育でも、従来から、知識の積み上げによる段階的習得が一般的であった。しかし、これはどれほど丁寧にしたとしても、習得の成果は、一部の学生を除いて、かなり困難であることも分ってきた。少人数教育に徹してもその成果は思わしくないと思われる。こ

れは、今日の大学大衆化、大学のユニバーサル化が持っている深刻な側面であることは、これまでも触れてきた。

　ここに至って、結論的には、段階的学習法を断念して、経済の現実に関するデータの提示による経済の実態について、少しでも経済的リアリティを感じとってもらいながら、前の項で述べたようなモデルを適用する学習を重ねていくことを、さまざまな事例や経済現象によって繰り返しながら、徐々に経済への関心と理解を深めていくという、緩やかな螺旋的学習に踏み切らざるを得ない。

　しかし、螺旋的学習も必ずしも容易ではない。何しろ教える側は、出来るだけ多くの現実のデータを与えて、出来るだけ早く教育効果を上げたいという思いに駆られる。それを理論モデルの、初歩的にしろ経済ツールを用いて説明していくとすれば、教えられる側の理解度を超えて、時には教える側の不十分なデータの与え方によって、必ずしもうまく伝わらない嫌いがある。

　このような方式を試みたことがあれば、「なぜこんな簡単なことが理解できないのか」という焦燥感とまだるっこさにさいなまれる経験を持っている。少なくとも、教える側は経済の理解に関して、学生の理解レベルがどのようであるかが推し量れないほどに、教えられる側との間に大きなギャップがあることに気づくはずである。

　そうであれば、このような螺旋的学習法を用いる場合、教える側のかなりの覚悟を求めており、焦燥や焦りに抗した忍耐と周到な準備が必要である。そのためには、講義内容は取り扱う経済事象について的確な事例を求めるとともに、モデル分析に応ずる経済学のツールは最低限のものに限られるべきである。本論文の前編で、中高の教科書に示されている市場における需給関係の図式について、大学生のレベルで十分な理解をするには、よく準備してもかなりの時間を要しており、1回教えれば分るというものではない。まさに、螺旋的学習を繰り返しながら、興味を引き付けてエクササイズを重ねることによって、ようやく目的が達成

されるといったものである。

　経済学教育で目指されていることは、経済情報のデータをたくさん伝達することではなく、経済学的な「考え方」を身につけることであるから、すでに述べたことであるが、経済情報データの提示は興味をひかせるという点で不可欠ではあるが、データ量とテーマの展開は極力禁欲的である必要がある。それは、教えられる側の理解に時間的な長さが必要で、あの手この手を用いて、目指している経済的「考え方」を提示して、受けた側が理解と自分で何らかの応用が出来るのを待つのである。

　具体的な個別のより詳しい経済情報の伝達と、それを受け取って解析をする手続きについては、入門「基礎科目」の学習の次に開講されている各「個別科目」を通じて、多角的に出会っていくことを期待すればいいのではないかと思われる。

Ⅳ　今回の学部教育改革の総括

　「経済と経済学」入門学習についての筆者なりの一般的心構えを述べれば、以上のようになる。今回の関西学院大学経済学部における経済学入門教育の改革方針はほぼ同一線上においてなされた。

　学部に設けられた「経済学部将来構想委員会・経済学教育検討部会」によって、2002年10月2日付けで教授会に答申された「提案Ⅰ」が承認された。そこに示された方針に基づいて、具体的作業を実行する「授業計画チーム」が設けられ、筆者はそのチームのコンビーナとなって、1年弱をかけて実行案を作成した。以下は、その経過の中で、そこで問題になった点を、筆者の私的な総括としてまとめたものである。

Ⅳ-1　経済学部将来構想委員会・経済学教育検討部会「提案Ⅰ」

　報告の冒頭において、委員会が経済学教育に関する課題の抽出・検討

を行う中で、以下のような基本的な認識の一致にいたったことを記している。

「第1は、広範で多様な能力と志向を持つ現在の学生に、どのようにして現実問題に関心を持たせ、いかに経済と経済学に興味を抱かせ、そうした上でいかに論理的思考能力を養っていくかが最大の課題である。第2に、そのためには「経済学から現実の経済へ」という方向ではなく、現実の経済現象の課題を十分に認識させた上で、それらの分析や問題解決に必要な理論や歴史を学ばせるという、「現実の経済から経済学へ」という方向の転換を図ることが必要である。」

このような授業改革に当たっての基本的姿勢を次のように表明している。

「個々の教員の授業改革への努力が必要であることはもちろんであるが、教員が一致協力して学部全体で担っていく手法をとることが効果的で、効率的であると考えられる。とりわけ、入学直後から2年生春学期までの学生に対する経済と経済学への導入教育については、教員全体で取り組むのが有効であると思われるし、学部のFD（ファカルティ・ディベロップメント）にとっての意義があるといえる。」

その結果の具体的な提案は以下のように要約されている。

「学部の経済学関連の必修科目として、新たに「経済学基礎Ⅰ、Ⅱ、Ⅲ」（仮称　以下略）を設け、これらの科目の授業は学部が直接計画し、運営するものとする。「経済学Ⅰ、Ⅱ、Ⅲ」は、現行必修科目である「経済学基礎A，B，C」および「マクロエコノミックス」、「ミクロエコノミックス」の基本部分をカバーするものとして位置づけ、現行の「経済学基礎A，B，C」は科目として廃止する。他方、現行「マクロエコノミックス」、「ミクロエコノミックス」の内容の全てを含み得ない可能性もあり、それを補完する意味からも、また、理論経

済学に意欲を持つ学生のニーズを満たすためにも、「マクロエコノミックス」、「ミクロエコノミックス」は選択必修科目とする。」

以上の提案の内容についての詳細なコメントが加えられており、重要な点を要約すると次のような項目にまとめることが出来る。
① 学部開講科目の大半は、「授業担当者は自らの責任と裁量で授業担当するといった授業運営が、従来なされてきている。」この点で、「経済学導入の必修科目について、従来からの運営方式を廃止する。」
② 新に設けられる「経済学基礎Ⅰ、Ⅱ、Ⅲ」については、「授業担当者のほか、授業の目標・内容・水準・授業の仕方・授業中の演習・レポート課題・試験・評価など、授業に関して学部が直接計画し運営する。」
③ 以上②の計画を立案するために7名位の教員による「授業計画チーム」を設け、授業全体を計画する。
④ 「授業計画チーム」の任務は、「授業1回1回の内容、授業の進め方、演習やレポートの課題など、授業運営のすべてを計画する。」
⑤ 1. 開講の手順としては、「経済学基礎Ⅰ」を1年春学期(4単位)、「経済学基礎Ⅱ」を1年秋学期(4単位)、「経済学基礎Ⅲ」を2年春学期とする。「それぞれの内容は経済の実際と実態を解説し、受講生に理解と関心を持たせ、経済学の理論・歴史・政策のそれぞれの側面を十分に意識して、経済学の議論、経済学的な考察を展開する。可能な限り、議論の必然性を説明することが期待される。」
2. 「Ⅰ、Ⅱ、Ⅲは必ずしも段階ではなく、例えば、Ⅰは戦後日本経済を題材に、Ⅱは80年代以降の日本経済を題材に、Ⅲは日本経済を取り巻く世界経済を題材に、といったように、授業で取り上げる経済の実際と実態の題材によるものである。……検討を授業計画チームに要請する。」
3. 授業内容あるいは授業運営に際しての対応したい事項として、

次のような項目があげられている。○ビデオ、見学による実態・現場への参加と現実経済社会の実態への関心と理解○新聞・ラジオ・テレビ・インターネットなどによる情報収集への関心と主体的な判断の涵養○レポートの書き方、プレゼンテーション能力の養成○経済学の体系への理解。

⑥　実際の授業担当者は、授業計画チームの教員を中心に経済学専門教員によって、授業担当グループを構成し、4クラス程度を開講し、授業中の授業補佐業務に、教学補佐（ティーチング・アシスタント）を活用する。そのティーチング・アシスタントを活用して補習・課題やレポートへのアドバイスなどに対応するため補習クラスを制度化する。授業1クラスあたり2～4の班に分割して、1つの班に2名のティーチング・アシスタントを割り当て、1週1講時程度を決め、担当者と事前に打ち合わせした上で、質問・疑問、課題やレポートの取り組み方、情報収集の具体的方法など受講生に対応・指導する。

⑦　授業担当者グループは、授業運営の経験を経て、次年度に向けて講義要綱を若干修正していくことは可能である。また、大幅な修正や変更が必要ならば、改めて授業計画チームを構成していく。

Ⅳ-2　「授業計画チーム」による作業

この提案に基づいて、「授業計画チーム」が7名で構成、直ちに作業に入り、翌2004年4月には、Ⅰ、Ⅱ、Ⅲに関する基本方針として2案提案され、全教員の検討に委ねられた。その結果7月に、「経済学基礎」の科目名を改めて、「経済と経済学基礎」としそれぞれ「Ⅰ」「Ⅱ」「Ⅲ」を「A」「B」「C」として、1年半の授業計画が教授会で了解され、次のような各科目7つのテーマが確定された。

「経済と経済学基礎A」日本経済の現状と課題
（1）日本経済は戦後どのようにして豊かになったか。

(2) 現在金融機関が多額の不良債権を抱えているのはなぜか。
(3) 1990年代半ば以降、なぜ企業の倒産、失業が多数発生しているのか。
(4) 企業の戦略、組織、会計、統治や産業組織などは、どう変化しているか。
(5) 物価水準の変化はどのように生じるのか。
(6) 不況の中で、財政・金融政策はいかなる役割を果たすべきか。
(7) 日本経済の抱える構造的な諸問題にどのように対処すべきか。

「経済と経済学基礎B」経済のグローバルゼーション
(1) 経済のグローバルゼーションはどのように進んでいるのか（モノ・サービス・カネ・ヒトの移動）。
(2) 外国為替相場は、いかなる要因によって変動しているのか。
(3) 貿易や直接投資の自由化は、どのように進められているのか。
(4) アメリカは、1990年代いかにして持続的な経済の拡大を実現したのか。
(5) 欧州連合は、なぜ、いかにして、高度な経済統合を実現しようとしているのか。
(6) アジア諸国は、通貨危機後もダイナミックな経済発展を実現できるのか。
(7) 日本はいかなるイニシアチブを発揮すべきか（通貨安定、地域統合、経済協力等）。

「経済と経済学基礎C」市場経済と経済発展
(1) 経済成長、産業構造の変化は、どのように引き起こされてきたか。
(2) 経済発展の中で、市場メカニズムはどのように機能してきたか。
(3) 経済発展に伴って、どのような経済思想が生じてきたか。
(4) 政府と市場（産業）の関係は、いかにあるべきか。
(5) 食料、資源、エネルギー、環境問題に、どう対処すべきか。

（6） 人口の少子・高齢化が経済・社会に及ぼす影響に、どう対処すべきか。
（7） 経済の活性化のために何をなすべきか、またどのような経済発展を目指すべきか。

「授業計画チーム」は同時に、委員が手分けして、各教科7テーマごとに経済と経済学についての関連用語を、「経済関連用語」と「経済学関連用語」に分けて書き上げ提示し、全教員による授業内容の検討作業を要請した。

Ⅳ-3 経済学関係全教員による授業計画作業

経済学関係の全教員を4～5名からなる7班にわけ、各班の作業進行の管理に当たるために、各班のコンビーナーとして授業計画チーム1名が加わり、9月末の夏休み明け直前に第1次案を提出するよう求められた。

作業内容は、「授業は、1テーマに3講時（ただし、各教科の最後の「7」は2講時）を当て、ストーリーやデータの提示を含んだ授業内容を検討し、それらを1講時毎について、少なくともA4用紙1～2枚で講義内容を示す。」その際、「先の各テーマについて提示した用語は、盛りだくさんな面もあり、テーマについての1つのガイドであると考えて、ある程度取捨選択するとともに、以下に示す「基礎概念」21のキーワー

---

21) アメリカの中等教育における経済学教育のあり方を検討している全米経済教育合同協議会（Joint Council on Economic Education）が出版する「マスターカリキュラムガイド」シリーズの中の *A Framework for Teaching the Basic Concepts*, 1977, 2nd ed. 1984 の「基本概念」として上げられているものである。（岩田年浩・山根栄次訳『経済を学ぶ・経済を教育する』ミネルヴァ書房、1988.）この21基礎概念（21.basic economic concepts）が、次の論文にも引用されている。William B. Walstad, "Economic Education in U.S. High Schools", *The Journal of Economic Perspectives*, Vol.15, No.3, Summer, 2001, pp. 198ff. また、同一著者が編著となった著書に当人が書いた論文 "An Assessment of Economics Instruction in American High Schools" に、この基礎概念についても論じている。（*An International Perspectives on Economic Education*, 1994, Chp. 7. pp. 109-136.）

ド[21]の説明、活用にも気を配る」こととした。

[「基礎概念」21 のキーワード]
（1）希少性（2）機会費用（3）生産性（4）経済制度・インセンティブ（5）貨幣と交換（6）市場と価格（7）供給と需要（8）競争と市場構造（9）所得分配（10）市場の失敗（11）政府の役割（12）総需要と総供給（13）失業（14）インフレーション（15）財政政策（16）金融政策（17）比較優位（18）貿易障壁（19）国際収支（20）為替レート（21）経済成長

この「基礎概念」の提示は、今回の授業改革の趣旨に沿ったもので、次のように説明している。

「「現実経済から経済学」をという基本姿勢を貫くことと、A, B, C が段階ではなく繰り返しであるという原則から、現実の経済状況が歴史的なものも含めてかなり網羅的に列挙されており、経済学に関しても初歩の段階では必要がないと思われるものが入っています。その上、「繰り返し学習」を重視するために、経済の現実も経済学のツールに関しても、テーマごとの重複はあえて避けていません。

「繰り返し学習」を重視すると言う点から、「経済ないし経済学に関する基礎概念」を最低限重要なものとして示して、各テーマの具体的な講義内容を検討する際に、これらの基礎概念が繰り返されて説明され、活用されるように配慮」を求めた。

「授業計画チーム」の講義案作りの枠組みとして、具体的には先に記したような内容に加え、さらに次のような計画を立てることも要請した。
「1 科目の講義は 20 講時で、1 学期 24 ～ 26 講時とすると、4 ～ 6 講時をエクササイズに当てることができる。7 テーマに 1 回のエクササイズとはならないが、各テーマで有効と思えるエクササイズの内容（小テスト、作業、レポート提出、練習問題による訓練など）を具体的課題とともに検討結果を、1 テーマについて同じく A4 用紙 1 枚にまとめる。

また、エクササイズの方法は、1講時をとる方法のほかに、講義時間の中でちりばめて行うことも考えられる。」

Ⅳ-4　その後の経過と授業準備

全教員による作業はここまでも大変な作業で、学部としても経済学入門教育への決意を新たにする思いであったが、実は、これまではある意味で机上のプラン作りである。

2004年度の授業開始を目前に、前年の秋には、授業計画チームに集められた草案を具体的にどのように実現するかの検討段階に入った。まず、初年度のA、B、Cの講義各3人の担当者として、授業計画チームの6名が、3つの講義に2人づつ配置され、チーム以外の教員が1人加わる9名の陣容が決まった。そうなると、授業計画チームが計画だけではなく、実行においても中心的な働きをすることになった。

その結果、授業計画チームの2人1組がA、B、Cの科目を具体的に検討することになり、授業計画チームの全体的な検討の段階はひとまず終了し、7名のうち筆者を除く6名が、科目ごとに実行を前提に個別の検討に入った。先ず科目「A」については、最初の授業ということで、2004年1月には共通の講義案を作成させ、順次「B」「C」と進められることになり、具体的内容は担当者の詰めということで、それぞれの担当者に委ねられた。

具体的な担当者3名共通の講義の内容や問題点の実行後の検討には、講義が始まる2004年度に入って、新たな委員会によって担当されることになった。

科目「A」「B」が終了した2004年度末現在で、これまでの実行の総括については、別途担当者によって行われることが期待されるが、準備の最終段階と授業開始後に、筆者なりに受け止めた課題を以下に述べておきたい。

大学教員のこれまでの慣行として、担当科目の全責任は担当者1人が

負うということからすると、経済学入門の同一内容の講義を3人が3クラス別々に開講することは、それだけでも困難が予想される。

筆者の事前の見通しでは、講義内容は出来るだけ盛りだくさんにしないで、事例も数を絞って分りやすいものを丁寧に時間をかけて行うようにすることが大切ではと考えていた。

しかし、具体的には、筆者の見通しとは別に、担当者の中には出来るだけ豊富な内容を講義しようとする傾向も見られ、授業計画チームでまとめた講義の各テーマの内容は、講義のマキシマムを示したもので、そのうちの少なくともミニマムの内容を共通にし、このミニマムを共通テストの対象にするという申し合わせが必要だと思われた。

当初から予想されたことだが、「経済の実際や現実から理論へ」の方向は、「言うは易く行うは難い」ということである。とりわけ、理論的側面や「基礎概念」の徹底した伝達が手薄となり、中途半端になるという苛立ちが付きまとうということである。

筆者は、授業計画チームにおいて、少なくとも入門教育で求められる経済学の理論的内容については共通の理解を探りたいと思っていた。学部でも数年前、「少なくとも学部において求められる経済理論の内容とレベル」についての教員によるアンケートがとられ、同様の共通的な理解を探る努力はされたが、いざとなれば個別理論が同一でも、必要と考えるレベルや内容には意外にばらつきがあり、必ずしも成果は得られていなかった。

経済学入門教育の理論的内容については、教員の間で、論理の正確さを丁寧に教えるか、論理の正確さは多少犠牲になっても経済学的なセンスを身につけさせるかで、主に経済学の専攻分野の相違によって、大きく分かれるという状況がある。筆者は、将来ともに経済学を研究対象にする学生には、前者の姿勢はその後の教育に有効であるが、多くの学生がそうではなく企業その他の経済社会で活動するには、とりわけ後者の姿勢が有効かつ必要であると考えている。

経済理論の教育のレベルは、必修の入門で全員が共通に求められるレベルと、理論志向の学生について学部のレベルで教育する内容を分けて設定し、次に大学院のレベルでの専攻分野や研究方法の相違によって、さまざまな設定が考えられるという、段階的な整理とカリキュラム内容の検討がぜひ必要であると考えている。

今回の授業改革でも、この点が十分に手が付けられていないのは、改革を進める障害となることから、ぜひ検討を重ねて何らかの見通しをつけることが急務であると判断している。

最後に、今回の授業改革についてのその後の経過と課題の検討と、更なる改革の方向と内容の報告が、適任者によってなされることを期待している。

（参考）

American Economic Review アメリカ経済学会報告
分科会「経済・経済学教育」共通テーマ一覧

1966 The Efficiency of Education in Economics
　①Experiments in the Teaching of Elementary Economics　②The Effectiveness of Programmed Learning in Elementary Economics　③A New "Test of Economic Understanding"

1967 Experiments in Teaching Economics
　①An Experiment with TIPS, a Computer-Aided Instructional System for Undergraduate Education　②A Simulation Policy Game for Teaching Macroeconomics　③An Experiment with Television in the Elementary Course

1968 The Efficiency of Education in Economics
　①On the Efficiency of Programmed Learning in Economics　②Performance on the New Test of Understanding in College Economics　③DEEP : Strengthening Economics in the Schools

1969 The Teaching of Economics
　①Radical Economics in the Elementary Course　②Distribution of Costs and Benefits of Economics Instruction

1970 Teaching Economics : Experiments and Results

①Teaching Economics to Black Students　②The Lasting Effects of Elementary Economics Courses : Some Preliminary Results　③Experiments with Video Tape in Teaching Economics
1971　Teaching Economics: Experiments and Results
　①The Lasting Effects of Elementary Economics Course : Some Preliminary Results
1972　Economic Education
　①TIPS and Technical Change in Classroom Instruction　②Some Modern Myths in Teaching Economics : The U.K. Experience　③Teaching Radical Political Economics in the Introductory Course
1973　Economic Education
　①An Agenda for Improving the Teaching of Economics　②Financial Rewards to Research and Teaching : A Study of Academic Economists
1974　Economic Education
　①Developing Independent Problem-Solving Ability in Elementary Economics　②Computer-Aided Instruction for Large Elementary Course　③Introducing Freshmen to the Social System
1975　The Principles Course: What should Be In It and Where Should It Be Doing
　①Some Observations on the Learning of Economics　②Some Comments on the Principles Course　③New Approaches to Teaching the Principles Course
1976　Economic Education
　①Three Years of Self-Paced Teaching in Introductory Economics at Harvard　②The teacher Training Programs for New Ph.D.s　③On Teaching Teachers to Teach　④One Participant's View of the Teacher Training Program
1977　Economic Education
　①What Economics Is Most Important to Teach : The Hansen Committee Report　②Teaching Principles of Economics : The Joint Council Experimental Economics Course Project
1978　Economic Education
　①What Do Economics Majors Learn
1979　Economic Education Research: Issues And Answers
　①Research on Economic Education : Is It Asking the Right Questions?　②Research on Economics Education : How Well is It Answering the Questions Asked?
1980　Studies of Teaching And Learning In Economics
　①Bias in Economics Education Research from Random and Voluntary Selection into Experimental and Control Groups　②Pooled Cross-Section Time-Series Evaluation : Source, Results, and Correction of Serially Correlated Errors　③Guessing and the

Error Structure of Learning Models
1981 Testing In Economics
　①The Revised Test of Understanding College Economics　②Specification and Development of New Pre-College Test : BET and TEL
1982 Economics Major : What It Is and What It Should Be
　①The Economics Curriculum in the United States : 1980
1983 Research in Economic Education
　①The Efficacy of Innovative Teaching Techniques in Economics : The U.K. Experience　②Modeling Multiple Outputs in Educational Functions　③Who Maximizes What? A Study in Student Time Allocation
1984 Economic Education
　①Improving the Teaching of Economics : Achievements and Aspirations　②A Profile of Senior Economics Majors in the United States
1985 Economic Education : The Use of Computers
　①Computer Applications in Pre-College Economics　②Macro Simulations for PC' in the Classroom　③Cost Effectiveness of Computer-Assisted Economics Instruction
1986 Roundtable on Economic Education : Increasing the Public's Understanding of Economics
　①The Marketplace of Economic Ideas　②Communicating Economic Ideas and Controversies　③Increasing the Public's Understanding of Economics : What Can We Expect from the Schools?　④What knowledge is Most Worth Knowing —For Economics Majors?
1987 Roundtable on Teaching Undergraduate Courses in Quantitative Methods
　①Centrality of Economics in Teaching Economics Statistics　②Teaching Statistical Methods to Undergraduate Economic Students　③Coping with the Diversity of Student Aptitudes and Interests
1988 High School Economics : Implication for College Instruction
　①A Report Card on the Economic Literacy of U.S. High school Students　②Variables Affecting Success in Economic Education : Preliminary Findings from a New Data Base　③The Effects of Advanced Placement on College Introductory Economics Courses
1989 Economic Education: Factors Affecting Student Learning
　①An Econometric Model of Role of Gender in Economic Education　②The Effects of State Mandates on Student Performance　③The Principles Courses Revisited
1990 Economic Education at the High School Level

①Research on High School Economic Education
1991 Teaching College Economics
　①The Economics Majors : Can and Should We Do Better than a B　②An Agenda for Research on Economic Education in Colleges and Universities　③The Third Edition of the Test of Understanding in College Economics
1992 Alternative Pedagogic and Economic Education
　①Balancing the Economics Curriculum : Content, Method, and Pedagogy　②Evaluating Undergraduate Course on Women in the Economy　③Feminist Pedagogy : A Means for Bringing Critical Thinking and Creativity to the Economics Classroom
1993 Internationalizing the Undergraduate Curriculum in Economics
　①Why the Principles Course Needs Comparative Macro and Micro　②What Do Undergrads Need to Know About Trade?　③International Perspectives in Undergraduate Education
1994 Research on Economics Education
　①Achievement Differences on Multiple-choice and Essay Test in Economics　②Graphs and Learning in Principles of Economics　③The Lake Wobegon Effect in Student Self-Reported Data　④Does More Calculus Improve Student Learning in Intermediate Micro and Macro Economic Theory?
1995 Between Learning from Better Management: How to Improve the Principles of Economics Course?
　①Does Who Teaches Principles of Economics Matter?　②Reallocating Content Coverage in Principles of Microeconomics to Increase Student Learning　③The Effects of Student Learning in Principles of Economics　④Does Pedagogy Vary with Class Size in Introductory Economics?
1996 Teaching Undergraduate Economics
　①Chalk and Talk : A National Survey on Teaching Undergraduate Economics　②Teacher Training Program in Economics : Past, Present, and Future
1997 What Should High-School Graduates Know in Economics
　①National Voluntary Content Standards for Pre-College Economics Education　②An Appraisal of Economics Content in the History, Social Studies, Civics, and Geography National Standards　③The Effect of National Standards and Curriculum- Based Exams on Achievement
1998 Teaching Statistics And Econometrics to Undergraduates
　①Engaging Students in Quantitative Analysis with Short Case Examples from the Academic and Popular Press　②Teaching Undergraduate Econometrics : A Suggestion for Fundamental Change

1999　The State Of Economic Education
　　①How Department of Economics Evaluate Teaching　②What Do College Seniors Know About Economics?　③The State of Economic Education
2000　Women and Economics : Education and Impact
　　①Why Are Women Such Reluctant Economists? Evidence from Liberal Arts Colleges　②Do Colleges Shortchange Women? Gender Differences in the Transition from College to Work　③Harriet Taylor Mill　④Nineteenth-Century American Feminist Economics : From Caroline Dall to Charlotte Perkins Gilman
2001　New Research in Economic Education
　　①Research in Economic Education : Five New Initiatives　②Teaching Economics at the Start of the 21st Century : Still Chalk-and-talk
2002　Teaching Microeconomic Principles／Promoting Economic Literacy In The Introductory Economics Courses
　　①Can Web Course Replace the Classroom in Principles of Microeconomics?　②Microeconomic Principles Teaching Tricks　③Reconsidering Council Concepts in Micro Principles　④The Economic Naturalist : Teaching Introductory Students How to Speak Economics　⑤Use It or Lose It :Teaching Literacy in the Economics Principles Course
2003　Preparing and Improving the Economics Teacher
　　①The Instructional Use and Teaching Preparation of Graduate Students in U.S. Ph.D.-Granting Economics Departments　②A Model Teacher-Education Program for Economics　③Regional Workshops to Improve the Teaching Skill of Economics Faculty
2004　Understanding Teacher Quality
　　①Do Faculty Serve as Role Models? The Impact of Instructor Gender on Female Students.　②A Teacher Like Me: Does Race, Ethnicity, or Gender Matter?　③Explaining the Short Careers of High-Achieving Teachers in Schools with Low-Performing Students.
Perspectives on Research and Teaching in Economics
　　①Does Teaching Enhance Research in Economics?　②Views of Teaching and Research in Economics and Other Disciplines　③Involving Undergraduates in Reseach To Encourage Them To Undertake Ph. D. Study in Economics
2005　Research on Teaching Innovations
　　①Requiring a Math Skills Unit : Results of a Randomized Experiment　②Technolgy Improves Learning in Large Principles of Economics Classes : Using Our WITS　③Incentives and Student Learning : A Natural Experiment with Economics Problem Sets

Research on Ph.D. Programs in Economics
　①Matriculation in U.S.Economics Ph.D.Programs: How Many Accepted Americans Do Not Enroll? ②Attrition in Economics Ph. D. Programs ③Time-to-Degree For the Economics Ph. D. Class of 2001–2002

2006　The Market and Pre-Market for Graduate Students in Economics
　①Is There an Insider Advantage in Getting Tenure? ②The Search for Economics Talent: Doctoral Completion and Research Productivity ③What Does Performance in Graduate School Predict? Graduate Economics Education and Student Outcomes

第2章　財政学を学部学生に如何に教えるか

I　今日、経済学を教える困難さ

I-1　大学生の状況変化　—ここ20年のこと

　大学教員として授業を担当したのは、70年安保の前哨戦として、大学紛争がピークに達した前年の69年であった。高度経済成長の真っ直中で、世の中は急速にあふれるモノの恩恵に浴していたものの、学内は中国の「造反有理」のスローガンを掲げ、世界的な学生反乱に刺激され、暴力も含めてそれまでの秩序を覆す大混乱であった。それは第二次大戦直後の混乱を経験した教員にも、あの時代にも見ない状況だと言わせたものである。

　このような時期にも関わらずと言うべきか、あるいはこのような時期だからこそと言うべきか、学生は経済問題にかなり真剣に関心を持っていた。社会主義は、資本主義の対抗軸として、いっそう力を持っており、「経済的不公正」への糾弾は、一部の学生にしろ真摯なものがあった。

　70年代に入り、学生運動が「赤軍」事件に見られる末期的な様相を呈して来ると、社会を急速に変革しようとする急進運動（ラディカリズム）は輝きを失い、経済成長の恩恵に浸り、集団の力から個人の力、さらに個人の殻に閉じこもる個人的な生活を学生時代から享受する、いわゆるミーイズム（me-ism）が蔓延してくる。それでも経済や社会に対

する関心は、大学教育のそれまでのあり方が批判されたにしろ、依然として続いており、旧来の授業がそれなりに受け入れられていた。この時代の、大学教育の転換を一語で表すならば、「小集団教育」と言うことになり、演習・ゼミナール教育が今まで以上に重視されてくる。それは今日に至るまで続いている。

　このような状況が80年代を通じて大きな変化を見せ始める。社会的関心さらには知的関心が急速に弱まって来たと多くの教員は受け止めたのではないか。この要因として、大きく次のような3つのものをあげることができる。

① 経済的豊かさが、社会的事柄にも関心を持つ生き方から、マイホーム主義と言われる個人重視の生き方に変化させ、大学はその時代風潮の中で育つ学生が中心となった。それまで高校生が一般にたどってきた道が変化して、よく言えば多様化、悪く言えば根のない自己中心、自己肥大を一般的にもたらしたとも言える。個を大切にすると言うことでは評価するべき契機であるが、社会（経済も含んで）と個を何とかつなぎ止める糸口を大学生にしても見いだせない状況を生みだしてくる。

② 大学入試に共通1次試験さらには大学センター試験が導入され、それまでの大学格差があいまいであったものが、偏差値というかたちで計量的に明確にはかれるものによって示され、受験競争を偏差値の高いところに入学しようとするものに変質させた。このことの影響が少なくとも高等学校教育を偏差値教育といわれる受験体制、さらには初等、中等教育までも「偏差値」概念で学校の善し悪しを決める風潮を蔓延させ、学校教育にバランスを欠く結果をもたらした。マークシートによる択一試験が悪いわけではないが、全てをそれで行うと言うことになれば、高校教育に変質をもたらすのが当然であろうと思われる。とりわけ「おぼえる」が中心になり、「考える」訓練がいよいよおろそかになる傾向をもたらす。

③経済学を教える側の問題としては、次ぎに指摘する「経済学の制度化」の事態の中で、経済問題がリアリティを持って教えることから遠ざかって来た。これは項を改めて論じる。

　以上で問題がつきているわけではないが、具体的な現象としては、経済学関係の教員にしても、学生に経済問題から自由にテーマを選んでリポート提出させる場合、それまでは担当教員の専門領域に極力限定してテーマを選んだものであるが、多くの学生は自分がかろうじて当面関心をもつ課題に向かって、必ずしも指導教授の指導を仰ぐというかたちのテーマを選ばなくなった。この現象を積極的に評価する立場に立てば、経済学に関して学部教育のレベルでは、専門教育ではなく経済学に関する「一般」教育ないしは「教養」教育へ移行させて学生に対応すると言うことになる[1]。しかし、これについては次項以降に述べるように必ずしも、教員集団に合意がない、さらに言えば対応力に欠けていることを率直に認めざるをえない。

I-2　遅れて訪れた経済学の制度化

　わが国では「マル経」「近経」と呼び慣わして併存していた70年代には、経済学が最も発展したアメリカで「制度化された学問」としての体系が明確化されてきた。この現実をわが国に広く知らせるのに貢献したのは、佐和隆光氏の一著であった[2]。彼は、社会科学としての経済学が社会工学的な技術的側面を際だたせ、経済の実態に直接迫ることから離れてきた現実の飽きたらなさが、「仏教の経済学」を日本で研究しようとするカナダ人を生み出したショッキングな状況を、その冒頭で紹介している。

---

[1]　この問題を今日の大学教育をリベラルアーツであることから論じることができる。山本栄一『おそるおそるの大学論』(K. G. リブレット) 関西学院大学出版会、2000。2003年『大学への招待状』に改題増補した。
[2]　佐和隆光『経済学は何だろうか』岩波新書、1982。

確かに日本の経済学は、アメリカの経済学とは様相を異にしている。何よりもマルクス経済学と言われる系譜が、さまざまなかたちで経済各分野の分析に具体的な力を持ってきた。とりわけ国公立大学の経済学ではその傾向が強く、ようやく50年代から60年代にアメリカに留学した研究者によって、制度化されつつあった経済学、これを「近代経済学」と呼んでいたが、次々と導入され、マルクス派に対抗するかたちで講義されてくる。

経済学の中心的科目である「経済原論」の多くは、「マル経」と「近経」を並立させるかたちをとり、遅いところは近年まで「マル経」の原論が講じられていたようである。その意味で、日本の経済学の講義が「制度化された経済学」を講じることに中心を置いたのは、大学によっては随分ばらつきがある。大学によっては、比較的早くその傾向を見せたが、遅れたところは今日もなお、学問的傾向は混在している。

制度化された経済学を一言で言えば、新古典派の市場均衡理論にケインズ派のマクロ理論を統合した「新古典派総合」と言われるもので、大きくミクロ理論とマクロ理論に分けられる。その精緻化の道具として数学を用い、その点では社会科学の中でいち早く自然科学の方法論を応用した。同時に理論の実証方法としては、実験室を使えないにしても、現実の経済の場に現れるさまざまな経済データを分析する計量経済学が、理論と並行して重要な分野として用いられている。

問題としては、佐和氏が論じているように、このような経済学研究の最前線をどのように評価し、さらに研究をどのように深めるかということもあるが、この経済学をどのように教育するかという深刻なテーマが横たわっている。多くの理論研究家は、このような経済学のフロンティアを踏まえて、この経済学に接近できる能力を備えさせることに向かって教育をするべきだと考えている。

ところが、先に述べたように、大学生の知的探求の方向を最大公約数的にとらえると、専門的ではなく、一般教育、教養教育的な方向にある

と言わざるを得ない。このような中で経済学の教育は、リベラルアーツ中心のアメリカの大学でもすでに、80年代に学部学生には、理論教育には精々、図表は用いるが、数学的展開はしないというのが通常であると言われている。そこに見られるのは、論理を繰り返し伝達し、具体的現実を適用させて理論の適用ないし現実説明力を身に付けさせるという方法である。「制度化した経済学」をいかにして教育するかは、経済学のもう一つの重要な課題である。

I-3 経済の現実と経済学のずれ

今から十数年前、ある文化人類学者が経済と経済学について次のような発言をしている。

「私は、経済とはどういうものか知りたいと思って、やさしい経済学といった類の本をいくつか読んでみた。ところが、経済学のことはなんとか理解できても、経済とはどういうものなのかがいっこうにわからない。（中略）これでは困る。私はなんとか経済という対象に接近したいと思って、氾濫する経済書の群にも手を出してみた。そして驚いた。そうした経済書の著者たちの何人かが、経済のことをわかろうとするとき、経済学は役に立たないと述べていたからである[3]。」

この現実に経済学を教える側は十分に気づいていない。経済学を教育する専門家は「経済学者」と呼ばれる大学教授である。この教員であるためには、中等教育までの教員とは違って、大学設置基準にもそのようになっているが、一人ずつかなり狭い専門研究領域をもち、その部門での何らかの研究成果を上げていることが条件である。特に理論分野を担当する教員には、専門的に特化した経済理論の成果が期待されている。その意味で、理論の専門家は長い期間にわたって理論の最前線をフォローし、研究を続けている。

---

3) 端信行『文化としての経済―文化人類学からの接近』ダイヤモンド社、1986、178頁。

アメリカの経済学者と言われる大学教授で、理論家と言われる人でも、さまざまなかたちで現実の経済問題を分析し、時には具体的な政策立案に参与する傾向は強い。その面からすると、日本の理論専門家集団の特徴は、現実問題に接近しそれを理論で解こうとする応用的側面には極めて禁欲的で、理論展開のツールに習熟することがレベルの高さを示すと考える傾向が強いようである。

こうした教員集団が経済学を教えると言うことになれば、どうしても「経済」学理論の論理的精密さにこだわり、時に「経済」の現実を無視することも起こる。おおむね経済学の学問的基礎としてマクロ、ミクロを教える場合、この種の構えを持っている教員が担当することが一般的であればあるほど、先の文化人類学の専門家が慨嘆した現実は、経済学教育に広くいきわたる。今日、経済学教育が真剣に見直さざるを得ない理由もここにある。

II　財政学は経済学の一部か

II-1　「市場の失敗」論と公共経済学の登場

第2次大戦後の経済学における急速な発展に伴って、財政学の内容も大きな変化を遂げた。今でこそ財政学は、経済学の一部門としての位置づけが確立しているが、法学・政治学系の一部門としてとらえられ、その重要科目とされてきた由来がある。

アダム・スミスの経済学体系を示した『国富論』には財政編がある。しかし、イギリス古典派のこの伝統は、経済学が political economy から economics に変化するにつれて、経済学は市場の経済のみを扱って、政府部門を除外することになった。この間隙をぬったわけではないだろうが、アドルフ・ワグナーを代表とする、19世紀後半に確立されてくるドイツ官房学の流れを受けた正統派財政学が、イギリスでも祖述され

てくる[4]。財政学が法政部門での主要な学問となる理由でもある。

　しかし第1次大戦を通じて経済における政府規模が拡大するとともに、再び財政は経済における重要問題となり、やがてケインズの登場となる。古典派が財政をミクロ理論的に取り扱ったのに対して、マクロからの接近がなされた。

　以上の財政学の流れを統合し、今日の経済学の一環として財政学を位置づけたのが、マスグレイヴである。1959年に著された彼の『財政理論』は今もなお生き続け、これを超えるものは出ていない[5]。現在、学部で財政学を講じるとき、このマスグレイヴの体系をテキストとし、日本の財政制度を背景にするのが、やはり最も有効な方法と思える。

　マスグレイヴの財政学体系を一言で要約すると、財政を市場経済における効率的な資源配分機能が失敗する公共財を供給するという働きを中核に、市場における所得分配を政府が再分配する働き、さらには市場が経済に変動をもたらすのを政府の財政活動によって安定化させる働きを加えて、財政を3つの機能に分けて理解する点である。そのことをもう少し内容に触れて敷衍すると、次のようになる。

　経済社会において人が消費生活によって物的な豊かさを享受するとき、企業によって市場を通じて供給される民間財（private goods）を需要しながら、他方、政府によって供給される公共財（public goods）を同様に需要する。この二つの財は、共に個々人の消費者選好に基づいて最大の効用を求める意思決定によって需給量が決まってくる。この時、これらの需給量を決定するのが、民間財については競争市場であり、公共財については民主的な政府活動である。これらの需給活動を保証する経済的裏付けが、市場における価格付けによる交換であり、税金の支払

---

[4] この間の簡単な歴史的経過は、山本栄一『租税政策の理論』1975、有斐閣、序章「租税国家の政治・経済的側面」に述べている。
[5] Richard A. Musgrave, *The Public Finance ; A Study in Public Economy*, McGraw Hill, 1959. 木下和夫監修、大阪大学財政研究会訳『マスグレイヴ財政理論』有斐閣、Ⅰ, 1961, Ⅱ・Ⅲ, 1962。

いによる給付である。以上が財政の資源配分機能の全容である。

こうした財政を含めた政府の経済活動全体をとらえる視点が、「市場の失敗」論であり、政府の経済活動全体を分析対象にするのが「公共経済学」と言うことになる。マスグレイヴの体系が著された直後に、「公共経済学」と題するテキストがいくつか著されたが、ほぼマスグレイヴ流の財政学の祖述であり、政府の経済活動を「市場の失敗」の視点から全体的にとらえるのはもう少し後になる。

II-2 政治と経済の狭間にある財政現象 ——国家をはさんで

すでに述べたように、マスグレイヴの財政学体系は今日も古くない。さらに言えば現実の財政は、国も地方もこの体系の原則的なあり方によって、現在もなお絶えず検討されるべき対象なのである。その有効性は単に学問的、教育的な面にとどまらず極めて実践的な面を持っている。

ただ、その後の財政学の展開や現実の財政の動きを見るとき、この体系が持っている一つのしかも重要な問題点を指摘することができる。

市場の失敗論に始まる公共経済学の展開は、他方で市場の有効性を明らかにすることに貢献した面がある。確かに市場は失敗し、その部分の政府活動による補完が不可欠であるが、その政府もしばしば、さらに必然的に「政府の失敗」に見舞われ、目指している経済資源の効率的な利用から遠のく原因でもあるという論によって、財政の積極的な存在根拠を揺るがすことになる。アダム・スミスが重商主義経済政策を前にして自由主義経済政策を唱え、市場の有効性に最大限経済をゆだねることを論じた姿勢が、時代を超えて改めて主張されてくる。今日、サッチャー・レーガン政策をモデルにしたり、ミルトン・フリードマンを代表に市場万能論が力を持つ現実を思い浮かべることによって、このことは十分うなずける。さすがに、政府活動は「ない方がまし」という論はないにしても、政府悪者論はかなりの勢いで力を得ているのが今日の状況である。

これは、政府の経済活動を市場の失敗による市場の「補完」という、

やや消極的、受け身的にとらえることに原因があるように思える。確かに現実の政府が制度的に腐敗している面のあることは事実であり、政府も失敗している現実はあるものの、市場は政府による法制度を抜きにしては存在しない。市場が政府活動を前提に成立していることを意識して論じない経済学のあり方が、バランスを欠く結果をもたらしている。

　確かに、政治的意思決定や法制度決定を経済学の枠内でとらえる試みは、公共選択（public choice）理論としてアメリカを中心に展開されている。これを財政学でどのように取り入れ教育の対象とするかは、今日、財政学に突きつけられている課題である。この問題についてはここではこれ以上ふれられないが、実は経済学の枠組みで論じれば論じるほど、ここまで述べてきた経済学の理論展開につきまとってきた経済のリアリティから遠ざかるという問題を持つことを指摘しておきたい。

　以上のことを踏まえると、市場の失敗から財政を論じることはリスクをともなうことだと言うことができる。その意味から、ドイツ正統派財政学がもっていた先ず「国家ありき」という論の立て方、あるいは economics と転化するまえの political economy が持っていた経済学体系を、もう一度掘り起こす必要がある。このことは同時に、財政現象にとどまらず市場経済現象も、政治的法律的側面と絡み合って成立していることを再確認し、財政学の枠組みに政治・法制的な問題を組み入れることである。これが財政を含めて経済制度全体をとらえる重要なカギなのである。

II-3　経済活動の経済効果 ——財政学における位置づけ

　制度の問題は次ぎにまとめて述べることにして、経済学の一環としての財政学が、財政活動に伴う経済主体の経済行動がもたらす経済効果の問題をどのように取り扱い、教えるかについて触れておく。

　経済学者の中には、租税や財政支出あるいは国債発行による市場における企業や家計といった経済主体についての経済活動の変化、さらには

市場における経済パフォーマンスの変化を分析することが、財政学の最も大切な任務だとする主張がある。これはまさに、マクロ・ミクロの理論的手段を用いて財政活動を分析する経済学そのものであり、経済理論の財政に関する応用と言うことになる。こうした分析の古典派の体系的な最初の成果が、1817年に著されたリカードの『経済学及び課税の原理』である[6]。ここにはスミスの財政編に見られるような、租税が持つべき原則や公共財に関する先駆的分析と言える政府支出の性質と言った問題には全く触れられておらず、もっぱら経済効果についてのみ論じている。

　こうした分析は、経済学としては重要な課題であるが、財政は市場の経済的パフォーマンスを変化させる要因でしかない。そのような財政活動がどうして生じたか、そのような財政活動がそれとして的確な活動であるか否かなどを、当面の課題としていない。しかし財政学の課題は、まさにそこにある。財政活動が経済効果如何によって、その的確性が判断されると考えるなら、こうした姿勢は正当性をもつ。言い換えれば、財政の諸制度の設計が行われる時に、その制度がもつ経済効果以外のことをどこまで考慮するべきかを検討することが、財政学固有の任務と考えるなら、経済分析がなしえない分野を含んだものが財政学だと言うことができる。

　以上のことを整理すると、財政学を財政活動の経済分析という実証的（positive）側面にとどまらず、財政の制度を含んだ財政そのものの規範的（normative）側面を包摂するものであるということができる。

---

[6] David Ricardo, *On the Principles of Political Economy and Taxation*, 1817. リカードはその序文で著作の目的を、租税に関しては「社会階級に対する租税の影響を尋ねること」「租税の作用に関してその見解を発表すること」と述べている。（小泉信三訳『改訂経済学及び課税の原理』上巻、岩波文庫、1952、10頁。）

Ⅲ 制度を経済学で教えることの問題

Ⅲ-1 「市場」制度と「非市場」制度の違い

　市場のシステムは、市場に登場する需要と供給という市場の諸力（market forces）によって、価格が生産や消費のパラメーターとなる「自然の秩序」のようなメカニズムを持っている。それが経済現象を自然科学の対象のように取り扱うことを可能にしている。その場合、実際の市場を市場として成立させる法制度が不可欠な前提であるにも関わらず、経済学においては、市場ができるだけ「自然」に機能する完全競争の諸条件のもとでモデル上で思考実験を行うことで、制度問題を回避している。このことが経済学の精密さをもたらしている反面、残念なことに経済学と現実の経済との間に距離やずれを生じる原因となっている。従って、経済理論は可能な限り現実の経済に接近するモデルによって思考実験することが、絶えずこの問題を克服する課題である。

　この市場における経済活動以外の活動として、大きく公共部門における政府の財政活動と、民間部門の非市場活動を上げることができる。後者の非市場部門の代表的なものは、贈与や対価を求めないサービスの供与と言った活動で、近年その重要性が指摘されている。公益法人やNPOといった非営利法人の経済活動である。しかも、これらの活動を支える諸活動の主体は、一般に経済主体として上げられる家計、企業、政府とは違っているにしても、これらの三者と何らかのかたちで類似している。この種の非市場部門を学問の対象として浮き彫りにされてくるのは、ようやく最近のことである。こうした活動の財政との関係は、ある意味で重要なことであるが、この点につては、これ以上触れないことにする。

　非市場部門の中心である政府の経済活動には、市場のような自然的なメカニズムはない。政治の場における国民の意思による法によって成立した制度が、政府活動一切の源泉である。財政学を講じるとき、やっか

いなことの一つは、この財政にまつわる諸制度を取り扱うことである。制度の説明の中心にあるのが、その制度を成り立たせるのが「法」そのものだからである。

Ⅲ-2 財政制度と法

　たとえば「ゼイキンはなぜ払わねばならないか？」と言う質問に、「それは法律に定められているからだ」と答えたとするとどうだろうか。間違とはいえない。日本国憲法には、国民の三大義務として納税の義務を定めており、それに基づいて各種の租税法がある。しかしここで聞こうとしていることはそんなことではなく、「なぜ租税負担が国民の義務として規定され、各種のゼイキンをわれわれが負担しなければならないか？」ではないのか。

　確かにあるゼイキンがどんな税で、どのような手続きで負担が決まってくるかと言った租税法が実定法として定められている限り、その具体的内容を知ることは、ゼイキンを知ることのスタートではある。しかし、そのゼイキンは変更されるものであることをわきまえれば、その具体的内容を詳細に熟知することは、課税の段階における当事者以外には、それ程必要なことではない。

　わが国の社会意識のうち、財政とりわけ税制への関心は必ずしも高くはない。その一つは国民が「納税者（tax payer）」であることの自覚に欠けることにあるとよく言われる。ここでは、具体的内容に及ぶのを避けるが、財政を講じる場合の困難さの問題は、ひとり一人が市場においてオカネを払ってモノを買うように、政府にゼイキンを払ってサービスをうけることの感覚が敏感ではないことに端を発している。

　制度は、事柄に対して何らかの意識や感覚が明確でない場合に、そのことを説明したり、その内容を掘り下げても、極めて伝わりにくい。それはちょうど、機械や仕組みに関心がなくて、そのメカニズムを教えられてもほとんど理解できないのに似ている。従って、制度を伝えるポイ

ントは、できる限り細部を省いて、その制度がどういう役割を果たしているかという目的を明確にとらえ、そのために最小限必要な機能を取り上げ、この目的と機能を関連づける原則をいくつか取り出して説明することである。その場合、原則は必要最小限に限らないと、かえって制度があいまいになり、制度のあり方が明確に浮き上がらない。

具体的制度をイメージするのにしばしば用いられる手法は、具体的な制度を例示することであり、各国の比較あるいは歴史的変遷がしばしば用いられ、制度を伝える困難さをカバーする。

制度を実用的な意味で伝えることは、学部教育ではほとんど不可能であるし、一般の受講者に行うことはあまり意味がない。まさしく実用的知識は究極的には法律を知ることであり、制度を知ることが実際的必要となれば、法的行政的知識を専門的に習得すればよい。

学部教育で制度について求められることは、正確さに多少欠けるにしても、出きる限り制度を作り上げている原則をわきまえることを目指すべきである。

Ⅲ-3 政府から企業までの制度スペクトル

財政制度を支える政府に関連する諸機関には、市場に対して一需要者として財・サービスの購入を行う純粋な政府部門から、自ら財・サービスの供給者として対価を受け取る企業と同様の働きをする部門まで、さまざまなものがある。これを政府の機能として一律に論じることには問題がある。そのため、政府が供給する財を「純粋公共財」として、ある意味で市場における完全競争条件における財の需給問題を解くように、政府の経済機能の最も典型的なものを明確にしようとする。

しかし、政府が供給する公共財のうち、「純粋」なものは極めて限られたものである。多くのもが、何らかの意味で市場でも供給することが可能である。そうなると、政府の働きは純粋な政府部門から、市場で供給可能な民間部門のものまで多様なものが現実にはある。

このことを分析し講じる場合、現実がどうなっているかという制度的なものを話すことは、具体的なイメージをわかせるために必要であるし有用な側面はあるが、やはり前項で述べたような、制度にまつわる問題がある。

　このような政府部門をどのようにとらえるかと言う一つのカギは、その部門で税が支出の財源としてどれくらい用いられているのかどうか、さらにそこから話しを進めて、税がどれくらい用いられるべきかどうかと言った点を明確にすることである。

　今日、予算、決算を含めて財政に関する情報の開示が叫ばれているが、意外に不明なのは、具体的な政府部門の一つひとつの事業にどれだけの税がつぎ込まれているかの情報である。国の事業も地方の事業も総コストがいくらであり、その財源としてゼイキンがどのくらいの比重を占めているかがあいまいなままという、財政の基礎データとしては以上の問題を考える糸口さえ不十分というわけである。筆者の個人的な関心はここにこそ財政民主主義の実態があると考え、ややバランスを欠くぐらい、講義ではそのことを伝えようとしている。

　次にどの事業にどれくらいの比重で税をつぎ込むべきかという問題については、公共財の理論に外部性の理論を重ねることによって、政府部門のあるべき姿、政府が関与し税をつぎ込むにしてもそれをどれくらいにすべきかという、純粋でない公共財あるいは民間財と公共財の中間的な財・サービスのあり方の方向付けを考える糸口とする[7]。この点は、財政学で最も興味深いテーマであり、実践的な課題であるが、正直なところ、かなりの程度の理解を求めることは、具体的な公共部門の実態を知る必要があることから、本稿の最後のところでもう一度触れることにする。

---

[7] この点についての筆者が考えているところは、『都市の財政負担』（有斐閣、1989）に展開されている。ただ、この点を何度か学部で講義に及んだが、やはり具体的知識の欠如が必ずしも十分の理解を求められないと思われた。

いずれにしても、政府部門の全事業のうち、全額を税でまかなうという事業はむしろ少なくて、かなりのものは何らかの直接的な負担を国民なり住民に求めるかたちをとる。このことは、かなりの事業が民間でも経営なり運営が可能な事業であることを意味する。ここから、事業運営の形態が政府直営のものから、第3セクター、民間委託、民間事業への補助と言った公共と民間の混合的なかたちが、当然必要となる。制度スペクトルの理解が求められている。

以上のことが、財政現象が今日複雑になり、制度理解が困難な問題をはらんでくる理由であるが、一面財政を極めて興味深い制度実験をもたらす場とならせており、財政学をできる限り多くの学生に理解させたいという思いに駆られる理由でもある。

IV 理論・歴史・制度・行政技術 ―財政学の多面性

IV-1 財政に純粋理論はあるか

政府は市場の巨大な需要者としての働きをもつものの、市場とは無関係な税の徴収という国家権力の強制力に裏打ちされて行う活動が中心である。従って、財政現象は経済現象ではあるが同時に政治行政現象として、その時その時の国民の意思によって決められる制度がもたらすものであるから、客観的な法則性があるとしても制度にまつわるものだと言うことになる。その意味で、財政に純粋な経済理論があるのかは、興味深い問題であるが、やや答えるのが難しい。

たとえば、財政支出に関する「経費膨張の法則」が古くから言われているが、ワグナーの法則と言われるものにしろ、第2次大戦後のイギリスの財政を対象に財政支出の「転位効果」の指摘にしろ、今日に適応する場合には歴史を貫くかたちでは証明できない性質のものである。その他、個別には財政に関する法則性を証明しようとする試みがなされるも

のの、理論としての共有財産になかなかならない。

あとは、たとえば「租税原則」のように、経済理論ではなく「制度作りの原則」が、支出、予算などについても考えられる。これらは制度の原則であって、いわば制度の規範的理論とも言えるものである。先の「経費膨張の法則」といったものは、その意味で制度の実証的理論と言うことになるが、必ずしも明確な実証的理論として取り出せない。

そうすると、財政理論として純粋な形で摘出されるもの、たとえば租税の転嫁理論や景気政策としてのフィスカル・ポリシー理論などは、いずれも経済のミクロ、マクロ理論の応用であり、市場において財政活動がもたらす経済効果に関する経済理論ということになる。その点で、財政に関する制度についての理念と実態を明らかにする財政学固有の問題領域として、経験法則の理論とはいえないが、やはり制度理論は存在するといえる。従って、財政を特定の国についてではなく、一般的なかたちで講義する場合、やはり制度論の教授方法が適切であるかどうかは重要なポイントになる。

IV-2 理論と歴史・対外比較の関係 ──制度理解とデータ利用の問題

財政が人によって人為的につくられた制度によって支えられる限り、それらの理解を求めるためには、具体的な日本についてにしろ外国についてにしろ、ここで述べてきた理論的な枠組み、さらに言えば制度を理解する枠組みを明確にすることがまず第１である。次ぎに、そのよう財政活動が市場における経済活動にどのように影響するかといった経済効果に関する理論に的確な目配りを必要とする。以上のような一般的かつ理論的手続きが財政を理解をする第１歩である。

ところで市場経済に関しても、それが制度的背景をもって動いている限り、アングロサクソン型が典型的であって、ドイツのようなヨーロッパ型、あるいは日本型がそれとくらべて劣っており、アングロサクソン型をグローバル・スタンダードとして制度変換するべきだという考えは、

一般的妥当性を持っていない。市場についても制度的特徴は普遍的であると考えることは、ある原理的なことや広い枠組みについては言えても、具体的で細部に及んでくると、相違があって当然であるし、それが社会経済を一般化するときの心得であろう。

　市場についてそうであれば、財政については一層そうである。たとえば、日本はアングロサクソン型とは思えないのに、税制はアメリカと並ぶ所得税中心の税制をもつ国である。これを全く同様に理解することはできないし、そう理解することは間違いでもある。そのように制度は単に外形が似ていても、内実において大きな相違があることがまま見られる。まさに政府のあり方、財政のあり方を具体化するその国の制度は、国民性とか社会文化とか言われるものに大きく左右されるからである。

　そこで、財政を理解するためには、制度にまつわる一般的理論的展開と同時に、その国の制度の歴史的経過と他国との比較が、財政の現実を浮き彫りにするのに不可欠となる。財政を比較制度的、歴史的視野を持って説明しようとすると、理解を求める手続きが一層煩雑で、しばしばかなりの時間をかけて聞き手にわかってもわからなくても制度的かつ状況的説明を行うことになる。このことに関連して、財政に関連する統計データの用い方について触れておく。

　今日、コピー技術の発達から、財政だけではなく、一般的に経済学の講義には大量の経済データを呈示し、具体的な状況を知らせることが可能であり、その傾向も強い。しかし、データの利用はよほど注意しないと、経済学教育が「考える」ことに欠ける知識伝達中心になり、しかも消化不良をおこしたり、時には誤って理解する原因となっていると思われる。

　データを読むことは簡単なことではない。教える側は長年の経験からデータがもつ有効な説明力を知っているが、聞く側はデータを読む力がほとんどないと見るべきである。従って、データを大量に用いるのではなく、できるだけ禁欲して少ないデータで可能な限りの説明力を読みと

る練習をさせて、データに接近して現実を知ることができる魅力に気付かせることが何よりも大切である。このような作業を交えながら、歴史的、比較制度的な呈示が必要なのだが、その場合も、できる限り細部ではなく基本となるところに限定して制度をとらえ、専門的な知識ができる限りなくても理解できるように努めるべきだろう。

　かつての大学教育は、教える側の研究成果を開陳するかたちをとって、時に難解のそしりを免れなかったが、現在はむしろ教える側が勇気を振るって専門家としての特別な知識の開陳を禁欲して、「財政をとおして経済や日本の状況を理解し、考えることができるか」をテーマとして、教えることに徹するべきであろう。

IV-3　行政技術への道　―行財政のあり方についての処方

　先に触れたように、財政の学びには制度の理解が不可欠であり、財政学の成果が具体的な制度の組み立てに実践的応用可能な側面を持っている。国の財政制度は、法制度、政治行政制度、会計制度、経済制度など多面な要素によって作り上げられている。たとえば現在、国や地方の公会計制度が問題となっているのは、財政問題が会計上の技術と密接な関係を持っていることを改めて自覚させる事柄である。しかし、会計からこの問題に接近している専門家は、多くの場合、民間部門の企業会計に特化してきた人達なので、財政が持っている企業と異なる特質に十分な感覚がないままであるために、必ずしも的確な接近がなされない場合がある。

　財政が政府の活動として多角的に絡み合っているため、単に経済的な側面からの接近では一面的であり、制度の理解にもその深さが欠けると言うことである。学部教育おいて、経済から接近する財政学では、ここまでの深さは要求されないものの、この深さを予想させるものであることが望ましい。それが大学院と言ったさらに具体的、専門的に学ぼうとする場では、最終的には法律や行政あるいは会計と言った制度のもつ技

術的な問題を解くことにつながる。アメリカには public administration という専門大学院が設置されている。民間部門について business administration が専門大学院として設けられているのと同様の技術教育を目指している。

　財政学はまさしく、具体的な法に基づく行政のあり方を研究対象に、いかにして行財政改革を持続させるかを研究する中核に位置する。その意味で、財政学が経済学の一部門であると共に、行政技術を磨く中心的分野として、今一層自覚される必要があるのではないか。

第II部
経済学教育と研究を振り返る

第3章　経済学部・大学院経済学研究科の教育と研究

『関西学院大学経済学部七十年史』[1] 編集を振り返って

I　2回の学部史編纂が目指したもの

I-1　『50年史』から『70年史』まで

　1984年には、経済学部が1934年に開設されて50年、初めての学部史『50年史』の発行を見た。それから20年、2004年の創立70年を前にして、『学部史』編纂が検討課題になったのが、3年前の2001年のことであった。

　学部史の編纂は決して容易なことではない。外部に依頼したとしても準備のためにも労力がいる。ましてや、学部のメンバーが直接当たるとすると、少人数にしてもかなりの期間にわたって、資料整理から、掲載内容の検討、調査、担当者の直接執筆、原稿執筆依頼、その他の原稿作り、編集作業、印刷所との交渉、校正といったさまざまな作業のために、多くの犠牲を強いるものである。

　その上、大学史であればいろいろな理由から、編纂することが望ましいといえるが、一学部の歴史編纂は、同様に必要といえるものではない。前回の『50年史』については、年史作成の時期としてはいい区切りと

---

[1] 『関西学院大学経済学部七十年史』2005年3月31日発行、総564頁。4部からなり、第一部「経済学部の歩み（1984-2004）」、第二部「経済学部の研究と教育」、第三部「座談会」、第四部「資料・年表」である。

しても、たまたま当時の学部長の個人的な思いから発意された結果の編纂であった[2]。

それから20年、年史編纂が話題に上ってきたが、正確に言うと『50年史』発刊時から、準備期間を入れると15年余を経過したに過ぎない。この時点での学部史編纂は、前回からの間隔が「短すぎる」との判断が当然である。それにもかかわらず編纂に踏み切った。今回も発意に人を得たことが何よりの推進力になった[3]。

結果的には、後で書く理由から、発意者に前回の編集担当者2名が加わり、編纂メンバーの中核部隊となり、そこに若手教員を配して、2002年2月に先ず「学部七十年史編集準備委員会」が編成された。翌2003年4月に「同編集委員会」に改組され、編纂事業は順調に進んだ。4名の若手教員が加わったのは、今後の年史編纂のためにも好都合であるとの判断からであった[4]。

「前回との期間が短い」というもっともな状況にもかかわらず、面倒とも思える学部史発刊に踏み切ったのには、大きく二つの理由を上げることが出来る。

その1つは、学部設立以来、年史編纂に好都合な歴史部門に有力な専

---

2) 1981年度から83年度まで学部長であった、経済学史・経済思想史専攻の田中敏弘教授はかねてから学部史編纂の必要を感じており、学部長就任年度における学部執行部の恒例夏合宿において、筆者にその意図のあることが告げられ、感想を聞かれた。
　筆者はかねてから、キリスト者教員として、60年代末から70年代にかけての大学紛争時に、キリスト教主義大学の内実が問われたこともあり、学部のキリスト教主義についての総括も込めて、学部のキリスト教主義教育史をまとめるべきだとの考えを持っていたことから、学部長の意図に同意することを述べ、編集担当教員の候補者を上げることまで話し合った記憶がある。
3) 久保芳和教授・田中敏弘教授門下で、専攻を同じくする井上琢智教授は、学部長在任時（1998〜2000年度）から、70周年に学部史編纂の意向をもち、編集を担当しうる学部教員に打診があり、ある程度の見通しを持っていた。
4) 編集委員の陣容は次の通りである。（ ）は学部教員就任年度。前回は田中敏弘（1957）柚木学（長 1960）、森本好則（1963）、山本栄一（1969）、林宜嗣（1979）、藤井和夫（1982）の6名。今回は山本、藤井（長）に加えて、井上琢智（1985）、田中敦（1990）、山田仁（1994）、寺本益英（1996）、舟木譲（1998）の7名。

攻者がいたことである。加えて『50年史』の編纂では、戦前を挟んで大きな変化のあった50年の歴史編纂に取り組んだため、かなりの困難に遭遇した。この時の経験から、もう少し短い期間での歴史編纂が望ましいとする判断があった。出来たら20～30年に一度、『50年史』の続巻としての刊行が望ましいということである。

第2は、この20年間は、大学にとっても学部にとっても、内外ともに、大学環境の激動期であったことである。前半期は、関西学院にとっては、構成員なら周知の学内状況を抱えており[5]、各大学がさまざまに積極的に対応している時にも、表面的には動きらしい動きをしていなかった。学部においても状況は似ていたものの、かなりの苛立ちと模索がなされ、後半期の学部改革につながった。

この20年間のキーワードを上げると、「大衆化大学から大学のユニバーサル化」、「大学教育を受ける学生意識の変化」、「学生の目線に立った教育」、「学部のリベラルアーツ教育の徹底」、「大学院前期課程の大幅な改革・プロフェッショナル教育課程の設置」、「大学院後期課程と課程博士の積極的な授与」、「教育・研究についての学生や第三者評価」、「経済学の精緻化と経済センスを養成する学部教育の改革」などと言うところだろう。

I-2 学部史編纂の意義

学部史の編纂はどれぐらいの意義があるのだろう。前回の『50年史』編纂は、学部の沈滞を打ち破り、活性化の起爆剤となればという思いは、編集委員の一員となった筆者には強くあった。しかし、学部を挙げての編纂ではあったが、思ったほどの効果はなく、やはり地味な成果であったといえる。しかし、学部構成員の全てがそうであったとは言えないだろうが、その後の学部の運営には、陰に陽に効果を発揮した。いくつか

---

[5] 『関西学院百年史』通史編Ⅱ、1998。502-505頁参照。

の例を挙げることができる。

　その1つは、『50年史』が学院にとっては珍しいこともあってか、意外な需要があって、有料配布が500冊弱に達した。このことも一つの成果であるが、この売上をもとに、学部教育の活性化の一助として、学部生についての懸賞論文と優秀卒業論文表彰の原資となったことを先ず上げることが出来る。

　2つ目は、学部を外部に紹介するためには『50年史』は大部であるが、インパクトのある資料となる。1989年度から学部入学のための指定校推薦制を始めるに当たって、指定校100校に教員2名が訪問して、推薦への理解と協力を求めた。その際の学部資料として、『50年史』のペーパーバックス復刻版を制作し、各校に持参し出来れば学校図書の蔵書とすることをお願いした。

　この2つの点は、目に見えた形の具体的に効果であるが、学部史の編纂はこうした直接的な形よりも、長い目で見て学部運営や将来のあり方にさまざまな指針を与えることに大きな意味があるといえる。

　90年代に入り、大学の教育・研究について自己評価が義務化され、さらにここ数年のうちに外部評価も義務付けられている。学部史は直接的にはこうした義務に応えるものではないが、学部評価の基礎作業であり、編纂時の自己評価を含むものである。今、求められているものは、歴史的視点よりここ数年での実績評価であろう。しかし、教育という長期的視野を不可欠とする評価には、このような評価は短期的に過ぎ、時に即席的な教育成果を求めすぎているという問題をはらんでいる。

　その意味で、学部史は、学部の教育・研究を評価する総括的作業といえる。『50年史』に続いて『70年史』の編纂が、果たしてこのような作業と位置づけられるかどうかは、即断できないし、学部の全教職員が同じ状況にあるともいえない。しかし、少なくとも編集に携わった者には、編集作業の中で意識するか否かにかかわらず、絶えず学部教育の評価に向き合わされていた。このような経験が、学部内で濃淡の差にあるにし

ても、構成員に共有されておれば、学部史の編纂は現在求められる学部評価の作業の一環と位置づけられる。

　もちろん、学部の特徴や問題点の摘出がなされ、それは過去の総括であっても、今後の学部のあり方や歩むべき方向を、おのずと含まれることになり、学部評価作業に繋がっていくものである。

I-3 教育と研究の点検

　学部史編纂の過程で、教育・研究の評価につながる基礎作業ともなる過去の総点検は、どのような側面を明らかにするのだろうか。

　学部史で先ず明らかにしようとすると、学部運営を見直したり改革する力がどこからもたらされるかに目をとめる必要がある。大きく分けて、大学の外部からと内部からに分けることができ、大学内部については、さらに大学全体による主導の場合と学部主導の場合に分けられる。

　この20年間の初めの頃は、『50年史』発刊に見られるように、学部のあり方を見直そうとする姿勢はあったが、当時大学一般がおかれたわが国の状況を無視するように、学内改革に着手する姿勢から遠かった。そのため、学部内と大学内が遅まきながらの改革に着手したのは80年代末からである。90年代には文部省が大学設置基準を「大綱化」する外部からの力と、改革の遅れを取り返そうとする内部の力とが、学部も大学全体も大きな改革へと押し出していく[6]。

　60年代末からの大学紛争を契機に、その後の大学改革において必ずしも容易でなかった要因の一つは、構成している教員のジェネレーション・ギャップにあった。この頃には、まだ旧制大学での教育を受けたものが中心となっており、新制大学の卒業生が学部長に就任するのが80年代に入ってからのことで[7]、教員すべてが新制大学卒業生になるのは、

---

6) この期以降の学長は、'89-'93 柘植一雄　'94-96 柚木学　'97-01 今田寛　'02-平松一夫。
7) 新制大学卒業生で最初の学部長は、'84年度就任の生田種雄教授であった。

90年代に入ってからのことである[8]。

経済学部は、1934年に商経学部として開学して以来、新制大学となった後の1951年に商学部と分割されても、その中心を形成した教員集団は学部創設以来、年々新たな教員を加えながら、ほとんど大きな教員の交代がなかった[9]。そのため、経済学部教員のかなりの者が大学や学院運営の中枢に送り出され、経済学部は大学の看板学部と称されてきた[10]。この伝統は学部運営にも、各学部の模範となるべきモデル的運営を自負してきた向きがあり、伝統を保持しようとする力が、ともすると改革へのエネルギーを殺いだ傾向は否定できない。

この同じ教員のジェネレーション・ギャップは、戦後の近代経済学や新しい経済学の流れを受け入れるのに、世代を超えてある種の刺激となって、学部の学問的レベル引き上げに貢献した面がある。しかし、この過程で、経済学を担当するために出来てきた学問分野の分割が9部門とされる仕組みを作り出した[11]。この仕組みが、新制大学となって大学生が急増してくる50代中ごろから60年代にかけて、教員増加もはかられ、採用に当たってもこの部門別に定員を設けて行われたことから、国立大学の講座制に見られる定員枠とよく似た学問領域の固定化に作用した面は否定できない。

経済学においては、先ずアメリカの1970年代に「学問の制度化」が起こり[12]、やがてこの制度化された経済学的なツールは、経済学が対

---

[8] 旧制から新制移行時に大学を卒業した学部教員の定年退職は、'98年度に田中敏弘教授が最後である。
[9] 商学部と分離した1951年度から『50年史』発刊の1984年度までに就任した教員70名の内、中途退職者は16名で、その内、外国人教師2名、他学部移籍3名、死去3名で、その後『70年史』発刊の2004年度までに就任した教員41名の内、中途退職者6名で、その内、外国人教師1名、他学部移籍1名、死去1名、であった。
[10] 院長就任は神崎驥一（'40-'50）、加藤秀次郎（'56-'58）、小宮孝（'58-'69）、小寺武四郎（'69-'73代行、'73）。学長就任は、神崎驥一（'40-'46）、堀経夫（'55-'66）、小寺武四郎（'70-'74、'78-'81）、久保芳和（'75-'78）、柚木学（'94-'96）。
[11] 9部門とは、①理論、②統計、③歴史、④学史、⑤金融、⑥財政、⑦政策、⑧社会政策、⑨国際経済と略称されてきた。
[12] この間の状況について代表的文献は、佐和隆光『経済学とは何だろうか』岩波新書、1982.

象とする経済問題の個別領域を超えて、時には経済学の枠をも超えて、さまざまな分野に適応されてきた。厚生経済学の諸分野、情報や不確実性問題の解明、公共経済学、それとの観点で経済選択の問題、法と経済学の分野、企業の理論、環境問題、地域研究、年金・医療問題、社会福祉、少子・高齢社会の経済問題等々、他の学問領域との相互乗り入れも不可欠になってきた。

このような経済学の状況はわが国にも及んでくるのは当然だが、先の9部門分割はある意味で「専門の呪縛」をもたらし、学部における研究の新たな展開にブレーキをかけたことは否めない。もちろん、「経済学の制度化」が学問の展開の桎梏になった面もあるが、こうした学問一般の傾向を割り引いたとしても、それ以前の時期と比べて、もう少し闊達な研究が可能だったと言えるのではないか。

『50年史』発刊以降、特に近年における注目するべき改革は、その実が十分あがるかどうかはこれからのことであるが、このような部門分割の見直しであり、今回の年史叙述にもこうした学部の改革姿勢が浮き彫りにされるように編集されている。

以上が『70年史』編集の総括であるが、具体的な内容について、以下、項目に分けて述べることにする。

II 過去20年の経済学部教育 (1) ―リベラルアーツへの志向

II-1 大衆化大学からユニバーサル大学へ

経済学部教員として70年代から今日までの経験の中で、70年代中頃から大学生の質の大幅な変化を経験した。大学への進学率は30％の後半に達する状況で、そのことはすでに『50年史』の中で叙述した。そこでのキーワードは、大学への進学率の急増に伴う「大学の大衆化」であった。

新制大学になっても、1960年代に入る頃までは、大学生はエリートとは言えないにしろ少数派であり、依然として旧制大学以来の伝統を引き継ぎ、その色合いを濃く残していた。この点について語られたり、分析されたことをあまり聞かないが、新制大学のあり方が、旧制が衣替えした大学と専門学校などから大学化した大学とで、どのような相違があったかは興味ある比較のように思われる[13]。本学部では、旧制の残滓は、旧制大学で教育を受けた世代の教員が在籍していた80年代にはまだ残っていた。当然、「大学の大衆化」への対応、とりわけ教育内容の検討において遅れることになった。

　しかし、事態はさらに急速に進んで、80年代から90年代にかけて進学率は低迷していたが、90年代から21世紀にかけて進学率は2人に1人にまで達した。「大学の大衆化」というマス・プロ教育は、「大学のユニバーサル化」と呼ばれる誰もが教育をうける大学時代への突入と自覚されたといえよう[14]。

　大学を取り巻く環境は、このような進学率の上昇と日本経済の変化する状況の中で、この20年間で著しい変容を遂げた。

　いわゆる団塊の世代と呼ばれる人々の2世が、大学入試受験のピークを迎える1989年度を前にして、政府の大学についての文教政策として、膨れ上がる大学進学希望者を収容するため、主に私学に依存する体制をとった。具体的内容としては、一方で学生急増期間に限って既存学部での入学生の「臨時定員増」を認め、他方で新設大学や既存大学における学部増設を認めて、全体の学生増に対応した。

　この時期の世界経済は、70年代の2度のオイルショックによって、各国は不況の中のインフレを経験し、それまで経済政策の中心であった

---

13) 今日、かなりの数のキリスト教主義大学があるが、旧制大学は、立教大学、同志社大学、それに関西学院大学、カトリックの上智大学に過ぎない。
14) 大学の「大衆化」と「ユニバーサル化」の用語は、前者は大学生のマスプロ化をいい、「ユニバーサル化」はマスプロ化が行き着いて、希望者が全員、大学に入学可能となった事態をいうのに用いている。

マクロ経済を操作するケインズ政策は急激に色あせ、価格調整を可能とするミクロ経済に視点を置き市場機能に依存す経済政策への転換が見られてくる。

　この時期、日本経済は第1次オイルショックではインフレの猛威の中で戦後初めてともなる不況を経験したが、第2次オイルショックでは、先進国の優等生と言われるインフレを抑え込むことに成功した。80年代にはいると、貿易黒字を積み上げ財政赤字の増加を食い止め、80年代後半のバブルへ突入する好況期を迎えた。最早、モデルとするべき先進国がないとまで言う言説が横行する日本経済絶頂期であった。

　大学進学を支える経済力が拡大し、新設大学や学部の増大の中で、進学希望校を選択する情報が求められることは当然予想され、特に大学進学予備校が持つさまざまなデータが注目を集めた。その中心的な働きをするのが「偏差値」である。国公立大学の入学共通試験の得点者の入学先について、その入学最低得点によって難易度を測って、ある意味で大学ランキングともなった。この20年間は、この「偏差値」が、大学のあり方や進学希望者の大学選択にもっとも大きな影響を与えた。

　この「偏差値」に伴うランキングは、1990年代後半から、さまざまな指標を用いた大学・学部ランキングが各種機関から公表されることに発展し、2006年度から文部科学省によって義務化された「第三者評価」へとつながってくる。

　大学ユニバーサル化は、18歳を中心とした入学者の年齢に縛られない社会人や海外留学生、その他さまざまな経歴を持つ人々を受け入れることになった。入学に当たっての試験についても、従来のペーパーテスト中心から、推薦入学としてペーパー試験免除、特定能力や経験を評価する入学判定など、急速に入学選抜を多様化した。ユニバーサル大学にふさわしいさまざまな高校教育の経験を持つ学生を受け入れ、活力ある大学を目指し始めたのである。

　このような学部教育が広く開くことについて、学部のアイデアとして、

「オープンカレッジ・コース」を1992年度から開設した。学部での単位履修制度を用いて、高校を卒業した人なら誰でも1年間在学し、最低20単位を履修しながらカレッジライフを送ることができ、特に必修の1科目として、1年生か3年生の「演習」課目を履修し、大学教育の特徴であるゼミ教育を経験するというもので、学部を改革しようとする象徴的な企画であった。

社会人入学と並んで、同年齢でない学生の在学で、教育にフレッシュな緊張感を与えるのに貢献した。ただ、年を追うごとに、他学部、他大学でも同様のコースが開設され、入学者数が限られて来ているのが現状である。このような多様な入学生を受け入れる大学は、入学生の能力も勘案しながら、学部はそれぞれ専門性を持っているものの、教養教育への傾斜を強めた。それは、新制大学がかつて目指したはずのリベラル・アーツを、本格的に学部教育の中心に据えることが、必然的な事態となったといえる[15]。

本経済学部もこのような流れの中で、「経済」を題材として、広く世界と日本の状況に興味を持った切り口で学んでいく「教養教育」「リベラル・アーツ」が、学部教育の中心であることを改めて確認したのも、この時期である[16]。

II-2 「演習」授業の改革

ユニバーサル大学時代の1つの問題は、これまでの大学教育が大学入

---

15) 山本栄一『大学への招待状』関西学院大学出版会(リブレット)、2003年。70-75, 89-92頁参照。
16) 森本好則名誉教授はかなり早い時期からこのことを提唱していた。1991年の一文に次のようにある。「経済学は、われわれにとって、一つの教養に過ぎないのです。しかし、教養を身につけるということは非常に大切なことです。経済学部の授業では、経済や経済学を素材として、与えられたデータやテーマに取り組み、そこから問題を発掘し、関連する文献の内容を正確に理解し、自分なりにまとめ、それをわかりやすく表現する、という一連の作業から成る訓練を行います。(略)真の教養とは、このような体験を通じて身につけることができるものだと思います。」『経済学と人間社会』2003年、62-63頁。

学前までの中等教育と有機的な関連を持っていなかった点である。「大学では学生を大人扱いする」ことを建前に、高校までのような細やかな指導やかかわりを原則として持っていなかった。

　ユニバーサル化した大学の「学生像」をどのように描くべきであろうか。多くの場合、大衆化大学の弊として長く指摘されてきた「学生の知的能力と意欲の低下」は、今や傍観できる段階ではなくなった。高校までの教育レベルを取り戻す「リメディアル教育」の必要が言われている。

　しかし問題は「知的能力の低下」だけではなく、知的能力があっても「学ぶことの意欲の低下」も同時に指摘されなければならない。そのために、大学生個々人と教師の接触を図って、大学に帰属し学びを継続する思いを掻き立てる大学での拠点づくりが必要である。その拠点となるのが、高等学校までのホームクラスに類似した、大学でのゼミナール単位毎に構成されるゼミナール・クラスであろう。

　経済学部が旧制時代からゼミナールを中心科目と位置付けており、学部の売り物にもなっていた。1948年度からの新制大学になってからは、3、4年生の「研究演習」が必修となり、大学大衆化を前に大学紛争の頻発が懸念された1963年度には、1年生に「基礎演習」が設けられた。さらに1969年度には、2年生に「購読演習」がそれぞれ必修で配置され、全学年を通じてのゼミナール体制が出来上がった。

　「購読演習」は、後にその性格を明確にするため、経済学科目の専任教員の担当ということで「経済学演習」に、それに伴って「基礎演習」を言語・宗教科目の専任教員が担当することから「人文演習」に、それぞれ衣替えした（1979年度）。

　しかし、4年生まで各学年にゼミを設ける体制は、教員側からすると大きな負担であった。学部教育の根幹としての「演習」授業であれば、非常勤に依存することもできず、無理を重ねての体制維持であった。特に、経済学担当教員は、最大「演習」3科目を持つことになった。また、言語・宗教担当教員は、ほぼ2年に1年は2つの演習を担当し、演習開

講数の増加を図っても、入学者数が多いときには 30 名をかなり超える人数になり、ゼミナールとしては成果をあげるのが困難な状況であった。

一方、就職試験の時期が 4 年生の春から始まり春学期全体に広がり、「研究演習Ⅱ」の前半は十分な授業ができない状況になった。そのような状況から、「研究演習」を強化するため、「経済学演習」（通年）を廃し、2 年秋学期に「研究演習入門」（半年）を開講、「研究演習」科目を 2 年間半とした。同時に、1 年生の「人文演習」を元の「基礎演習」に戻し、言語・宗教担当教員を中心に経済学担当の学部教員が参加し、24 クラス開講体制を立て上げ、かろうじて学部 4 年間の演習体制を維持する改革を行なった（1993 年度）。

この体制の下で、ゼミ教育活性化のために、この後相次いで、ゼミ対抗のスポーツ大会（1994 年度）、同じくゼミ対抗ディベートないし研究発表大会の開催（1995 年度）と、学部主導で開始し、徐々に企画段階からの学生参加が進められ、今日に至っている。さらに、学部の教育機関誌として年度末に、『エコノフォーラム』が学部雑誌として学部が発刊し（1995 年度）、第 2 号からは学生頁を設け、教職員と学生の情報誌としての機能を果してきた。

これらのゼミ教育改革と、それらを取り巻く教育環境の整備は、長い眼で見るとき、学部のゼミナール教育が、高校から大学への教育内容の平準化に貢献し、大学への帰属意識を培うものと思える。

演習授業については、学生の勉学意欲の低下によって、必修制ゼミの維持が教育効果を上げないだけではなく、ゼミを維持することにも困難を覚えるという教員の声が高まっていた。そのことで、過去から長く必修制から選択制への移行が論議の対象となってきたが、この論議には一応の決着を見た。「基礎演習」は必修制を維持し、「研究演習」は「入門」も含めて、必須制は維持するものの、学年開始以前に事前申し出によって、あらかじめ代替科目による演習代替を認めることにした。学生は、基本的にはゼミ所属を望んでおり、代替を申し出る学生は少数に止まっ

ている。

II-3　言語科目教員の変化と言語教育の改革

　旧制大学では、基本的には入学までに言語教育は終了していたのに対して、新制大学では教養課程の重要科目として言語教育が位置づけられた。その上に、関西学院では教養部制をとらず、教養課程の教員も学部に分属することから、旧制学部を経験している教員には、学部教育の中心は経済学にあるとして、学部教員を、当初用いられた用語であるが、「専門」と「語学」関係教員に分けるという意識が生まれた。その結果、学部諸制度の対応も、「専門」と「語学」に分ける慣行が出来上がり、その結果、教員間に垣根が出来て、それがしばしば差別的待遇に繋がることが指摘されてきた。

　この問題も、学部教員の世代交代によって、ほぼ教員が新制大学出身者によって占められるに至って、これらの慣行が差別的対応に繋がることについての意識の共有により、改善の方向に向った。一つに、言語・宗教関係教員も言語科目だけでなく、演習科目の担当、さらには教養科目の担当へと教育責任の拡大とあいまって、垣根を取り払う試みがなされていった。

　垣根を取り払う方向は、次のようなことから決定的となった。

　先ず第一に、「大学大綱化」によって、学部のない大学院独立研究科の開設が可能になったことから、学部所属言語教員も重要な役割を担って、各学部の言語教員を糾合して、「言語コミュニケーション研究科」が設立されたことである（2001年度）。このことによって、大学教員のすべてが、学部と大学院の教育に参加する可能性が開かれ、「専門」と「語学」の教員における制度的対応の相違が意味をなさなくなった。

　次に、リベラル・アーツの基礎教育をなす言語教育の改革に積極的に取り組んでいることである。学部では長く、第一言語を「英語」、第二言語を「ドイツ語」と「フランス語」の選択によって、主に1、2年生

必修の体制が続いた。言語教育は訳読中心が伝統的なもので、特に第二言語は初めて学ぶと言うことで、「文法」「訳読」に分けて教育するのが一般的であった。しかし国際交流が活発になり、コミュニケーション手段という実用性が重んじられ、言語教育の改革が叫ばれた。

それに第二言語としての語種を増やすことが求められ、語種の多様化による教員を全学体制で、中国語、続いて朝鮮語教員について、年次計画を立てて学部においても採用を図ってきた。その結果、今では、語種は英語、フランス語、ドイツ語、中国語、朝鮮語に広がった。

すでに、1990年代半ばには、文学部では、第一、第二の言語の区別をやめ、語種の中から二ヵ国語選択を実行していた。しかし、学生を入学後に希望の選択でクラス編成することには、大きな障害がある。

経済学部では、このような流れの中で、言語教育の実質化というリベラルアーツの1つの課題に応えるべく、抜本的改革に計画的に取り組んでいる。幾つかのテーマがあるが、その1つは、語種を拡大して、1年生は従来の語種選択に似た形にし、2年生は一ヵ国語に特化することも含めて、あらゆる語種選択を可能にすることを、2005年度入学生から開始した。第二に、英語教育の非常勤教員をできるだけ契約教員の専任制に代え、学部の教育方針を徹底させることを、全学に先駆けて踏み切った。次いで、英語の実用教育と関係して、1年生の秋学期から2回、TOEICの受験を義務付け、一定以上の成果を得る学生数の確保を教育目標にした。

学生数が1学年6～7百にも達する中で、これらが成果を実際にあげるかどうか、今後を見守っていると言うのが現状である。

ただ、言語教育ということから言えば、学生全員を対象にするべきかどうかには問題はあるが、日本語の実用的な、「話す」「書く」といった教育を、大学のリベラルアーツの科目として開講するべきではないかということも、今、急務の課題と思える。

III 過去20年の経済学部教育(2) ―経済・経済学教育の改革

III-1 経済学の「制度化」と経済学教育の見直し

　戦前の日本における経済学は、部門を問わず、「マルクス経済学」の影響が極めて大きなものであった。経済学部は、おおむね「近代経済学」によると言われてきたが、マルクス経済学についても、教条的・政治的傾向は見られなかったが、その影響を意識的に避けなかった点では、学問的自由は確保されてきた。必修科目の「経済原論」では、「近経」と「マル経」が講じられていた。しかし、それも1960年代末には、「経済原論」の内容は、「マクロ理論」と「ミクロ理論」の「近経」によって講じられ、「マル経」は当初、「マルクス経済学」として開講されたが、やがて講義科目としてもなくなった。

　経済学教育のこうした動きは、現実の世界経済の中で、マルクス経済学の政策命題でもあった、社会主義経済体制が問題を抱えた結果、社会主義圏の諸国において、断続的に市場経済の導入がはかられ、やがて体制の崩壊に至ったことと歩を一にしていた。

　こうした傾向は、旧制大学の経済学部に大なり小なり一般的に見られたもので、戦後、開設された大阪大学経済学部は、当初から、「マル経」を排除し「近経」に特化し、現在見られる経済学教育のあり方を先取りした学部で、その意味で、戦後の経済学における「近経」中心の学部モデル形成に貢献した。

　経済理論において、近代経済学の「マクロ」「ミクロ」による展開の流れは、1970年代にアメリカ経済学において、先に述べた経済学の「制度化」として呼ばれる状況によって、動かし難いものとなった。

　一方、経済学を学ぼうとする学生の姿勢が、1970年代中頃から80年代にかけて、大衆化大学への移行によってと思われるが、著しく変化してくる。

　それまで経済「理論」を学んで、その具体的適応としての「現実」理

解という方向が逆転し、ある意味では当然と言える、経済の「現実」へ「直接的」ともいえる関心によってしか、経済学に接近しない学生が大勢を占めてきたと言うことである。この頃、「制度化」したアメリカの経済学の学部教育において、理論の理解には、基本的には数式を使わず、精々図式によって、できる限り理論を比較的簡単な具体的現実に即して、教育することが一般化している[17]。

　経済学教育において、学生が経済のさまざまな「現実」に関心をもつことは、「身近な」経済についての地に付いた学問展開と教育を促す基となった。経済学が輸入学問時代を脱して、学生から突きつけられた要求に応えた形といえる。アメリカでは、70年代には、すでにあらゆる社会現象の経済的側面に着目して、具体的経済問題として経済学の展開が見られ、例えば「スポーツ経済学」が理論的にも分析されている。

　このような状況の中で、旧制大学時代からの学問的傾向を残しながら、学部学生の経済学教育のあり方が、主にカリキュラムにおいて模索された。しかし経済学において、具体的な教育内容、特に入門教育の抜本的改編に踏み切るのには、ようやく21世紀に入ってからのことになる。

　このことは、同時に、経済学教育における「学部」と「大学院」、それも前期課程と後期課程に分けて、きめ細かくそれぞれの段階の教育目標を明確にし、教育方法に工夫を凝らすことが求められた。大学院では、社会人を含めて、学部から進学して「前期課程」で修了するコースと、「後期課程」まで進み主に研究職を目指すコースとの区別も必要になっている。もちろん、各段階の教育の区別と同時に、進学していく各段階間における関連付けも求められている。

　経済学教育の全体は、かつては、「学部」と「大学院」をやや独立して設定されていたが、今や、最長で「学部」4年、大学院「前期」2年、「後期」3年の合計9年を1つのものとして意識し、それぞれの段階で社会

---

17) 第1章「経済・経済学を学部学生に如何に教えるか」26頁。

に巣立つという形で設定するのが、不可欠となっている。

Ⅲ-2 経済学教育特に入門教育の改革

このことは、どの大学でもそうなのかどうかは分らないが、学部では「理論」「政策」「歴史」と言う、経済学接近の手掛かりを3つに分けてきた。今日、別の面からすると、「理論」（純粋理論＝モデル分析、応用理論＝政策分析）と「実証」（時間的＝歴史的実証、空間的＝各国・地域別実証）とに分けるのが実情に合うと思われるが、やや煩雑である上に、長く馴染んできたこともあり、3分割が今も行なわれている。

経済学教育のカリキュラム体系の基本は、この3部門を中心に、入門から段階的にステップアップする形をとることであった。入門段階は、経済学を「理論」と「歴史」（学史と歴史に2分）の2講時で、経済の現実はそれぞれに随時教えることにしていた。この形態は、その後、さまざまにカリキュラム名の変更などを経ても、21世紀まで変わることはなかった。

この教育のあり方は、前節に述べたように、現実を踏まえているものの、「理論」の理解を徹底させ、そこから、アドヴァンスの各経済領域へと「積上げる」方式を取っていた。しかし、講義教室の現実は、マクロ、ミクロ共に、理論の講義には一部の学生を除いて、多くは喰いつかず、経済学への興味を失わす結果をもたらしつつあった。この傾向は、「大学の大衆化」が進むにつれて一般化し、さらに「ユニバーサル化」と言われる1990年代には決定的となった。

学部における入門教育に求められていることは、知識の積上げではなく、経済問題を経済学のセンスを持って理解できるスタートに立たせることである。経済問題を市場メカニズムに添って、その出来事の「よって来るところ」と、その結果「どの方向に向っているか」を知ることは、大変に刺激的で、興味深い事柄のはずである。

そのためには、経済事象を経済学のツールを使って考え、理解するこ

とである。1回1回の講義を記憶することではなく、さまざまな具体的経済問題をツールを用いて経済学的に理解する過程を何回も繰り返し、エクササイズを行なうことが必要なのである。経済理論を知識として「憶える」ことから、「考える」ことにより経済を理解し、経済的知識を蓄積し、経済問題を理解するセンスを身につけることへと教育を転換することである。この転換を、教育方法の「積上げ」方式から、経済学ツールを繰り返し使い徐々に習熟するということで、「螺旋」方式と呼ぶことができる[18]。

　このような入門教育を土台に、少しでも学習意欲の喚起と教育成果の引き上げが図られるように、学部教育の体制を組み立てることが急務となった。これが2004年度入学生からスタートした「経済と経済学基礎A」（1年春学期4単位）、「同　B」（1年秋学期4単位）、「同　C」（2年春学期4単位）の入門教育の改革である。

　各科目3クラスと言うことで、1サイクル経済学教員が延べ9名によって講義される。同一科目を3名で並行して行なうため、事前に講義内容を共通にする必要があり、内容は具体的経済問題について、世界と日本を対象に現在の主要なテーマや、歴史的思想的テーマをめぐって、経済学のツールを説明しながら、テーマを展開することにしている。各科目は段階的に初級からアドヴァンスへと進むのではなく、経済学ツール繰り返して使用して、最低限のツールが習熟できることを目指す。

　入門教育に続いてアドヴァンスへと進んでいく場合に、テーマを重点的に学ぶために、「コース」を設けて、選択した各コースに配置された科目を、一定以上履修することを求めている。長年、議論を繰り返してきた「コース制」を実施したのである。

　成果はこれからというところであるが、授業科目の内容は原則として担当者の責任というこれまでの行き方が、少なくとも入門科目において

---

[18] 第1章、49-52頁。

打破し、経済学担当全教員による共同授業へ踏み切った。このことは、今後の学部のカリキュラム改編に、同様の手法を用い、学生の「目線」に立った改革へと結ぶ付くようにすることが、今後の課題である。

Ⅳ 経済学研究と教員体制

Ⅳ-1 経済学の「制度化」と研究方法の多様化

　経済学の「制度化」という事態については、今日でも別途論じるべきテーマであるが、経済学研究にもたらした方向は、第1に、演繹的にモデル化した「理論」と、この「理論」を現実のデータの帰納的な方法によって分析する「実証」との、2分野に分けたことである。

　第2に、「理論」研究における数学的手法が用いられ、モデルの展開と「解」の提示が不可欠になっている。さらに「実証」においても、モデルの統計的手法によるデータの解析が一般化しており、ともに数学の応用としてかなり特殊なものや高度なものも用いられるに至っている。

　第3に、学問が「制度化」すると言うことは、学問の手法に共通の定型化が起こったと言うことであるから、経済現象を経済固有の要素に分解して、定型化された手法で分析する。このことは、結果的には、経済現象も社会における一般的な現象として、政治学や法学、社会学、心理学等々の関連学問による分析と関係を持たざるをえないにも関わらず、専ら経済主体による経済的要因に引き寄せて、分析するよう限定付けることなった。このことはさらに、直接には経済行為とは言えない行動についても、経済的側面があることから、経済的合理性を根拠に、経済学における分析対象に取り込むことが行なわれた。このことを一般に、経済学「帝国主義」と揶揄される状況を作り出してきた。

　経済学の「制度化」が起こり、特に数式や統計を用いることで科学的厳密性をもって、経済学の学問的精度を高めたという評価の裏に、経済

を学問の対象とする場合の領域を狭めており、経済的リアリティを十分に扱えないとする批判も根強い。

このことを如実に示しているのが、経済学における歴史研究であり、制度研究の領域である。もちろん、この分野にも「制度化」された経済学の手法がもちいられ、ある意味で目覚しい成果をあげている。

しかし、歴史的データの処理に、「実証」の一貫した方法を用いる点で、歴史の計量的研究となり、経済学固有のものとは言えない面を持っている。制度研究においても、制度がもたらす効果、とりわけ経済効果を研究対象にすることで多くの成果が期待できるが、制度が如何に成立するかという法的側面や、いかなる制度が望ましいかといった規範的テーマには、一部厚生経済学を用いることは可能にしても、「制度化」された経済学手法によっては多くを期待できない。

経済学部では、このような状況の中で、研究体制が全面的に「制度化」の波に乗っているとは必ずしも言えない。「理論」や「実証」に特化している場合はそうであるといえるが、多くは理論や実証が部分的には用いられていても、全体的には多様な手法がとられているといえる。

この状況はアメリカにおける経済学研究の場合と著しく異なるのではと推察される。その大きな原因は、日本の経済学教育の場である「学部」は規模が大きく、必ずしも「マクロ」「ミクロ」の理論的基盤と、「実証」の方法である計量経済学的基礎に特化する傾向が一般的になっているとは言えないからである。

現在、理論経済学と計量経済学の個別学会を引き継いだ「日本経済学会」が、このような「制度化」した経済学に特化しているが、多くの個別経済学会は、さまざまな歴史的背景をもって、多様な手法が混在しているといえる。その要因の1つは、日本における「マル経」の影響を指摘することができる。「マル経」には理論的実証的研究に加えて、歴史的研究や制度的研究をも行なってきたということである。もちろん、「近経」「マル経」の母体である古典派的な包括的研究も行なわれている。

「制度化」された経済学の手法は、今日、いろいろな側面と手法で新たな可能性を求めているにしても、ある種の行き詰まりにあることは長く指摘されてきた。「政治経済学」への回帰の一方、「経営学」や「社会学」への接近も見られる。「制度化」が一般化したかどうかについては、必ずしもそうとは言えない側面や分野が多く見られる。

ただ、「制度化」した経済学に拠らない分析を、評価しない向きもある。経済学的分析とは言えないのではないかという、「制度化」した経済学からの批判といえるだろう。しかし、袋小路に入った経済分析に、経済的リアリティを与えるには、多様な手法によらざるをえないのも事実である。

経済学をある社会学者が評価したことばは第2章で紹介したが、大変興味深い。「経済学は論理的な道筋はよく分るが、経済のリアリティをえたいと思っても手に入らない」というものである[19]。経済学者の「経済知らず」と言いたいのだろう。

この批判はある意味で当たっている。経済学教育が「制度化」した経済理論に徹することで、教育成果がほとんど上がらないのも、この点に起因していると思われる。

経済学部の現状が良いとはいえないが、多様な分析手法で、「制度化」した経済分析を補完し、新たな経済学の可能性を秘めていると評価でき、今後、学部の内外、さらに他の学問分野との共同研究での成果を期待できるのではないだろうか。

---

[19]「私は、経済とはどういうものか知りたいと思って、やさしい経済学といった類の本をいくつか読んでみた。ところが、経済学のことはなんとか理解できても、経済とはどういうものなのかがいっこうにわからない。(中略)これでは困る。私はなんとか経済という対象に接近したいと思って、氾濫する経済書の群にも手を出してみた。そして驚いた。そうした経済書の著書たちの何人かが、経済のことをわかろうとするとき、経済学は役立たないと述べていたからである。」端信行『文化としての経済―文化人類学からの接近』ダイヤモンド社、1986、178頁。

Ⅳ-2　教員の研究専攻領域の多様化と担当科目

　大学や学部の創設に際して、文科省はカリキュラムの設置科目と教員配置を、認可基準にしてきた。設置者はいろいろ工夫して、この基準を弾力的に運用してきた。

　この認可基準は、社会経済現象の急激な変化にも関わらず、これらに対応するのにいつも大きく遅れてくる。例えば、産業経済にとって、かつては産業の中心であった「農業経済」は、その後、劇的に変化している。それでも科目名は「農業経済学」である。このことは、大学にも問題がある。特に歴史のある大学では、変化に対するアレルギーが強く、古い科目名を変更することにさえ、かなりの抵抗があった。

　経済学部では、最初に述べたように、1960年代には、9部門体制がほぼ確立してくる。この頃から、経済と経済学の変化に応じて、カリキュラムについての変更は、9部門の中で対応してきた。当初、大学や学部の都合で配置されていた関連科目（法学、商業英語）も、時期を見て専任制を止め、その教員定数を9部門に位置づけ、学部教員の増員に対しても同様に対処してきた。

　このことが、担当科目と教員の関係を固定化させてきただけではなく、教員の研究領域をも狭く縛ってきたことは想像に難くない。筆者の若い頃の経験だが、教授会で筆者の昇進人事が議題とされた時、業績一覧にあるある業績を、研究領域をはみ出していることを指摘して、業績ではないとする意見があったとのことである。

　今日、教員の業績一覧は、公開されている上に、研究領域の如何に関わらず、研究者が世に公表したもの一切を掲載することになっている。これも、90年代の「大学大綱化」の流れから現在に至ったものである。そうだからといって、教員と研究領域の関連は、全く自由でよいというわけではない。大学は、専門的研究の府でもある。研究者としての教員が、その専門領域を学部・大学院でそれぞれのレベルに応じて教育することを任務としているからである。

経済学部がこのような現実に直面して、ここ10数年にわたって、2つの面で対応してきた。1つは、教員の側で研究対象の変化が生じてきた場合、教育面でも、人事上で属している部門にとらわれず、講義担当を認めるというものである。もう1つは、教員定員増加においては、全学的レベルでの教育を前提とした研究領域を特定化して、総合大学としての実を挙げようとしたことである。相次いだ2人の増員に際して、最初はアジア研究枠であり、時期的にはそれより少し後には、学部の新たな分野ということで、環境経済学に当てることになった。

　以上の2つの動きに連動して、2000年に入って以降に、学部教員の定年退職等で生じた欠員は、学部全体で教育研究領域と教員人員配置のあり方を、後任が前任者と同じ領域に配置するのが当然視されるにしても、とりあえずゼロベースで再検討する委員会が作られた。その結果、女性労働などを含む「家計の経済」と「法と経済」の領域が新たに設けられた。

　9部門体制が依然として維持されながら、こうした学部の新たな取り組みが、今後、教員人事と研究対象としての経済の変化に、如何に対応して教育と研究に実を挙げていくかは、今後の学部の柔軟な姿勢にかかっているといえよう。

V　大学院教育の変化 ――新制大学院教育の検討と評価

V-1　80年代の大学院教育の低迷

　「新制」大学院が始まって、既に半世紀以上も経過したにもかかわらず、大学院についての位置づけや評価を行なうとき、依然として「新制」ということばをかぶせなければならい状況は長く続いてきた。

　その1つに、旧制大学を卒業した教員の旧制大学院のイメージと博士号への思いがあったことに起因している。この点については、既に述べ

てきたように、80年代初めまでにそうした教員の退職によって、原因はなくなったはずであった。しかし、「博士号」の旧制との連続した思いは、なかなか抜け切れなかった。

「新制」博士の一般的条件として、博士論文の授与以降1年以内に公刊することを義務付けた。研究科では、これを忠実に順守して、「公刊」を旧制以来の「公刊された書物」の形態と特定化し、博士課程ないし現在は博士課程後期課程と呼ばれている課程入学後、10年以内の論文提出を博士課程修了者にもとめた。10年以上経過した場合は、論文ではなく、書物の形で博士号審査を求めることになり、前者を「課程博士」と呼び「甲号」とし、後者を「論文博士」と呼び「乙号」として、区別した。

ある意味で旧制博士号と連続していたのは「乙号」博士で、必ずしも大学院の課程を修了していなくてもよく、博士論文しての「書物」の成果が博士号に値するかどうかだけが、博士号授与の条件であった。

こうした博士号授与の状況は、新制大学院一般に共通したもので、旧制以来の国立大学の中には、甲号博士をほとんど出さなかった場合もあった。本研究科の学位授与の状況については、項を改めて述べるが、90年代に入るまでの研究科は、一言でまとめるならば、研究者養成のコースに特化する傾向を強めた。

この時期までは、修士課程（博士課程前期課程）の入学試験には、外国語は英語のみであった。しかし、修士号授与による税理士等の資格試験免除のための入学にハードルを設けることも意図して、博士課程（博士課程後期課程）と同じ、二ヵ国語とした。こうしたこともあり、80年代から90年代の初めにかけて、入学生は激減し、修士課程には85、89年度には入学者はゼロ、84年度から91年度までの8年間に入学者合計は15名に過ぎない。

博士課程は、もともと入学者数は少なかったが、同様に87、88、89、91、93、94年度には入学者がなく、84年度から94年度までの11年間

の入学者合計は 12 名だった。

　こうした傾向は、この時期の学院全体における教学の低迷もあるが、日本経済が、高度経済成長期の再来のような、バブル景気の好況到来による就職状況から、大学院進学者の減少を見るに至ったことは否定できない。この頃には、同時に大学改革期に入り、大学院に社会人入学を認める状況も出てきていた。

　本研究科でも、大学院の低迷に直面し、大学院に委員会を設置し、社会人の受け入れについて検討したが、すでに私学が負っている授業負担の重さなどを主な理由に、消極的姿勢が大勢を占めた。数年後のエコノミスト・コース開設などは、とても予想できる状況ではなかった。

　80 年代末ころの大学院について、印象に残っていることがある。私立大学連盟の月刊誌『大学時報』で大学院改革の特集を組み、テーマに即した座談会記事を作るために、東西の大学から数名の教員が集められ、筆者も参加した。他の大学についてもおおむね、大学院の改革はあまり進んでいない状況だったが、本研究科については、ほぼ絶句に近い発言状態だった。少なくとも、他大学は、大学院の存在を世にアピールする広報活動には、かなり積極的に取り組み始めていた[20]。

　当時の関西学院大学の大学院は、それ以前からもその傾向については見直しが言われていながら、依然として学部の上の付加的な教育機関の様相をぬぐい難く持っていた。それこそまさに「旧制」大学院のあり方に見られたものである。そのために、大学院が学長の下に、全学的な決議機関として、学部における「大学評議会」に相当する、「大学院委員会」が設置されていたものの、各学部にある研究科の調整機関のような機能しか果たしていなかった。先の座談会で痛感したことの一つは、各大学は少なくとも、全学的な大学院の「入学案内」の作成程度は一般化されているにもかかわらず、本大学ではそれすらもない状況であった。

---

20)『大学時報』第 37 巻第 199 号（1988.3）。座談会・21 世紀の大学を考える「文科系大学院はどうあるべきか」。

このような大学院の低迷状態は、「学部」の改革が進んでいた大学でも、まだ手付かずという状況だったが、本大学では「学部」についても手付かずだったことから、大学院改革への模索は、90年代に入って、焦りにも似た形で、さまざまな改革に迫られた。

加えて、「大学大綱化」は、1993年には大学院についても認められ、修士課程（博士課程前期課程）を学部教育に繋がる高度教育課程として位置付けるなど、各大学に自由化の道を開いた。

ここから大学院改革が本格化するが、この点についても項を改めて述べることにする。

V-2 新制大学院の総括と本格的対応

大学院改革は、「大学大綱化」の一環として、次にまとめて述べるように、先ずは高度職業人教育や、専門職大学院という博士課程前期課程の改革から始まった。それに続いて、文科省は大学の研究レベルの引き上げを目指して、大学院の後期課程における研究・教育の選別的財政支援を目指して、2003年度から「21世紀COEプログラム」をスタートさせた。

国立大学では、こうした流れに先立って、「大学院大学」構想が立てられた。主に旧帝国大学をはじめ全国の有力大学を、従来の学部と大学院の位置付けを逆転させ、主力を大学院に置き、研究重視の大学として大学院に予算や教員を重点配置することにした。そのことは、従来、大学院の学生定員についての恒常化していた定員割れは許されなくなり、定員を充足させた上に、これも従来はほとんど授与されていなかった「課程博士」を育てることが求めれたのである。大学院の大変身が国家施策として突如現れたと言える。

COEプログラムは、国立大学の「大学院大学」にとっては、最もふさわしい施策で、文科省が依然として国立大学のテコ入れを狙っていることは確かである。

このような状況の中で、本研究科にとっても、大学院の中核にある後期課程の見直しは急務であった。そのためには、旧制以来の博士号に呪縛されていた過去の状況から、今日までの総括が必要であろう。

　経済学部は旧制の博士号授与は、学部創設時から可能であったはずだが、申請がなされておらなかったため、経済学博士の第1号はようやく戦後の1950年で、旧制学位が新制に切り替わった1960年までで16名に授与している。それ以降が新制で、甲号博士の第1号は1964年であった。それ以降、『50年史』発刊の1983年までに、甲号博士は12名で、その間、乙号博士を15名に授与している。乙号については、いずれも旧制大学出身か、本研究科に在籍していない研究者で、旧制博士の取得に類似している。

　『50年史』発刊以後、2004年度末の『70年史』発刊まで、ほぼ前の期と同じ期間に、甲号博士が14名、乙号博士が24名であった。乙号の中には、課程に在籍しなかった研究者が8名なので、課程に在籍し乙号博士を授与されたのは16名である。このほかに、課程に在籍していたがアメリカの大学で1名、他大学での取得1名がある。その意味で、課程在籍者の博士号授与は甲、乙合わせて32名と言うことになる。そのうち、甲号14名、乙号16名、その他2名である。

　課程博士制度が始まって半世紀足らずの歩みにおいて、甲号26名、乙号について、課程に在籍しなかった場合を除くと、16名であるが、それ以外の場合を加えると39名で、課程博士が主流になっていない。ただ、1990年代に入って、それまで多くの場合が、甲号でも10年規定の年限ぎりぎりだったのが、10年以内に短縮され、2000年に入ると、一層短縮され、課程最少在籍期間である3年での授与も出るようになった。これは、「大学院大学」における博士号の早期授与の影響でもある。

　ただ甲号博士授与には、先に指摘した9部門別に見ると、偏りがみられる。多い順に並べると（（　）内は、甲号乙号の合計）、次のようになる。「財政」9（11）、「理論」4（8）、「経済政策」4（6）、「金融」3（6）、「歴

史」2（3）、「社会政策」2（7）、「統計」1（3）、「学史」1（6）である。

「COEプログラム」についても、他の研究科の協力を得て、「地方行政の新システム開発」を申請し、全国で唯一地方行財政の分野において、採用はされなかったが、ヒヤリング審査まで受けた。こうした、研究科上げての取り組みが今後求められる傾向は、ますます強まってくる。後期課程のあり方についても、私学とはいえ「研究」の重視も「教育」の内実を高めることと同様に、困難な中にも取り組んでいかざるを得ない

もう一つ、旧制大学院以来の伝統であり、また多くの大学院がそうした体制をとっている、単一教員による指導教授というあり方の再検討も必要である。社会科学の蛸壺的専門化の幣を打破し、学問間の交流を研究科内、大学内、さらには他大学との交流に門戸を開いて、博士論文のテーマについての研究の深化、さらには博士号取得後の研究体制に柔軟性をもたせることが必要であろう。博士号取得がかつては研究者の目標であったのが、今や出発点となろうとしている体制に対応する道だからである。

V-3 前期課程の改革　―学部後続教育と社会人の再教育

1990年代に入ると、これまで研究者養成に特化する形になっていた入学の関門を、大学院生の激減を前にして、少なくとも前期課程については、入学者数を増やす手当が取られた。

その1つは、かつて学部から大学院進学の特例としてあった、学部成績優秀者で一定条件を充たした入学希望者については、筆記試験免除の道を再開したことである。一定条件は、多少の変化が見られるが、大学院進学には、特に入学試験勉強をしないで、普段からの学業成果によって入学の門戸を開いて、大学院教育を受ける門戸を開こうとしたもので、その後、毎年度、何名かの試験免除者の入学が続いている。

さらに、「大綱化」によって、学部成績優秀者については、学部在籍3年終了で、大学院へ「飛び級」できることになった。このことも、大

学院進学の門戸を広げ、進学を勧奨する道となった。学部でも、少数ながらそうした入学者を受け入れている。

加えて、入学試験成績による入学判断でも、前期課程で終えることが明確な場合は、試験結果の最低ラインについて、ある程度配慮することを認め、入学者の増加をめざした。

そして、「大綱化」の結果、昼夜開講制の大学院研究科が可能になったことから、商学研究科が 1993 年度から、社会人対象の「マネージメント・コース」開設をきっかけに、本研究科でも同様のコースの可能性が検討され、1996 度から「エコノミスト・コース」を開いた。このコースの入学生には、修士論文は必修ではなく、2 つのテーマについての課題研究を提出して、それに代えるという選択を可能にした。何よりも、夜間授業の開始と言う、学部始まって以来の初めての制度を開いたことで、社会人を積極的に受け入れる姿勢をとることになった。

学部では、このコースを開くに当たり、これまで大学院教員は教授に限られていたが、一挙に助教授以上の経済学担当全教員の指導体制をとることにした。さらに、他学部、研究所で大学院指導教授でない教員については、大学院のみの教員として迎えることにし、当初 3 名、その後 2 教員は当該研究科の設置によって移籍し、現在は 1 名となっている。

現在、取り組まれつつある問題は、他研究科と共同のコースを設置することである。既に、法学研究科の政治学専攻を中心とした行政部門と、当研究科の財政を中心とした部門との共同で、主に地方公務員を対象とした行財政や公共政策を専門的に修得するコースが開かれている。

今や、急務の問題は、前期課程の高度職業人、専門職教育や学部教育をさらに進めたいという学習意欲を持つ大学院生に、どこまで十分な教育が可能かと言う点である。これに加えて、前項に述べた課程博士論文作成のための研究指導と言う、私学にとっては、大人数の学部学生を抱えながら、これらも同時に追求するために、教員の能力やスキルの向上も不可欠になっている。

Ⅵ 経済学部におけるリベラルアーツ教育の行方 ―総括

　『70年史』を編纂して、この20年間の激変は驚くばかりである。他の学部からは、伝統にとらわれた古い学部との印象を強めていたが、全学に率先して、学部改革に向っていることは確認できた。その要点は、何といっても、学部、大学院前期、同後期という流れを全体として捉え、学部については、演習授業を核として、経済学を中心としたリベラルアーツ教育に徹することである。

　そのうちで、とりわけ重要なことは、入学後の教育を高等学校との連続性を考慮し、リメディアル教育も含めて、学生が自己自身について、言語で表現できる能力を作り上げることを求める点である。それは、大学教育の粋である「リベラルアーツ」としての広がりのうちに、経済問題を理解し考える能力を備え、社会人として国際社会でも「個性」を豊かに持って活動できる学生を生み出したいということである。このような願いを教職員全体が共有し、それぞれが特色を持って教育に当たることにつきるであろう。

第4章　関西学院大学における財政学の展開*

柏井象雄教授を中心として

I　学部開設時の財政学

　学部開設時の昭和9年度から、専任教員として柏井教授が助教授に昇進し、講義担当するにいたる昭和16年度の前年度まで、「財政学」講義を担当したのは、京都帝国大学経済学部の汐見三郎教授であった。

　学部開設にあたり、当時の京大経済学部から、財政学の汐見教授、経済史の本庄教授、交通論の小島教授、それに京大教授ではなかったが、同じ京大の学統を受け継ぐ大阪商大の堀教授が経済原論と経済学史を担当、それぞれ非常勤講師として、堀教授の場合は昭和11年からは兼任教授として出講し、重要な役割をはたした。それは単に、講義を担当したと言うにとどまらず、汐見講師を除く他の3氏は、最初の入学者が昭和11年度に研究演習（ゼミナール）を受ける段階で、それぞれ専門演習の担当者として学部教育の一端をになっていること、さらに、それぞれ学問の後継者を学部に養成し[1]、学部形成に大きく貢献したことから

---

*　経済学部50年史編集が1981年（昭和56年）秋に計画され、1982年度大学共同研究として「わが国における経済学の研究と教育―関西学院大学との関連において―」が実施された成果の一つである。

1)　汐見講師は柏井教授、本庄講師は柚木重三教授、小島講師は小泉貞三教授、小寺武四郎教授、堀教授は久保芳和教授、田中畝弘教授などである。なおこの他に開設時には民法の末川博元京大教授が講師として出講している。

も、そのはたした役割の大きさを推しはかることができる。汐見講師については、京大における門下生であった柏井教授が講義担当者として学部で養成された段階で、講義を止めている。ただ、柏井教授が兵役につく場合に、なおその補充として講義を行うという関係がつづくことになる。

汐見講師[2]は明治28年に大阪市に生れ、第三高等学校をへて大正7年7月京都帝国大学法科大学政治経済学科を卒業、ただちに大蔵省に勤めるが、同8年6月に辞職し、すでに同年5月に法科大学が法学部と経済学部に分離され、京都帝国大学経済学部が創設されていたが、同大学院に籍をおき、小川郷太郎教授の指導によって、財政学とくに予算決算を研究している。ちなみに、この時創設された京大経済学部の陣容は、8講座で8教授、2助教授、学生定員100名と少数であり、今日の学部陣容からすれば極めて少なく、それからすると関西学院大学商経学部創設時のスタッフの少なさも必ずしも極端であったとは言えない[3]。

その後、汐見講師は、翌大正9年3月京都帝大経済学部専任講師となり、翌10年4月助教授、昭和3年2月教授に昇進、33歳であった。商経学部開設にともない出講した昭和9年には、すでに学界に大きな地歩を占めていたが、その時はまだ39歳である。

当時の学界は、一般にそうであったが、経済学さらには財政学においても、明治時代以来の初代から、次の世代である二代目にバトンタッチされる時代にあたっており、京大での財政学についても、小川郷太郎、神戸正雄の両教授[4]併立から、次の世代である汐見教授に橋渡しされる時期になる。さらにもう一つの要因は、第一次世界大戦が現実の世界

---

2) 汐見三郎教授の年譜・著作目録は、『日本経済と財政金融政策』（汐見三郎先生還暦祝賀記念）有斐閣、1960. 371-382頁に掲載されており、同書を参考にしながら、柏井教授の談話で補充した。
3) 関西学院大学商経学部創設時のスタッフは神崎驥一学部長の下に、石井卓爾、J. J. ミックル、池内信行、原田脩一各教授、青木倫太郎助教授、田村市郎専任講師の7名であった。
4) 小川郷太郎教授（明治9年生れ、明治36年東京帝大法科大学卒、同37年京都帝

はもちろん、学問、思想に与えた際立った影響であり、これが世代交代と重ね合わさって、学問のあり方を決定したといえる。

　第一次世界大戦のショックは、一般に西欧世界において、なお力を持ちつづけていた19世紀的な予定調和の世界観に決定的な打撃を与え、人間や社会を組み立てていた仕組みに対する信頼を失わせ、既存の学問のあり方に不満をわき立たせた。

　財政学についていえば、前世紀終りから、ワグナーに代表されるドイツ正統派財政学といわれる、いわゆる官房学の流れを汲む財政学が、ドイツだけでなく、イギリス、アメリカにいたるまで席捲しており、アダム・スミスが体系化した経済学の一環とした経済学（論）は後退し、経済学は市場経済のみを扱うという傾向が主流を占めていた。それは同時に、財政学が近代国家建設の官僚の技術としてとらえられ、ドイツ正統派財政学を優位に置いたことの結果であるとも言える。経済と財政の関係、別のことばで言えば、政治と経済の関係が分離され、経済学が純粋に経済のみを対象とする純粋化の過程でのできごとである。

　第一次世界大戦とその後の混乱は、国家財政を経済から独立に考察することを不可能にする契機となった。軍事支出と戦争にともなう様々な社会福祉的支出の増加は、税制を変革し、国民経済にいやおうなく影響を与えていく。この様な事態に直面して、正統派財政学の枠にとどまることは、財政学が国家経営の技術でありえても、当面する問題を的確に分析しえず、結果的には政策的技術としてもその機能をはたしえないことが自覚されるのは当然のなりゆきといえよう。

　ドイツでは財政社会学の台頭となって現れ、財政を社会全体の中で取

大法科大学助教授、大正8年同教授、同13年辞職、衆議院議員に専念、商工大臣、鉄道大臣をへて、昭和20年阿波丸で死去、69歳）、神戸正雄教授（明治10年生れ、明治33年東京帝大法科大学卒、同35年京都帝大法科大学助教授、明治40年同教授、昭和12年停年退職、その後関西大学学長、京都市長、地方行政調査委員会議（神戸委員会）議長をへて、昭和34年死去、82歳）の二教授が同時期に財政学を講じている。

り扱い、認識する努力がなされる。イギリスでは、ドールトン、ピグーら[5]が、アダム・スミス以来の財政論を再建することになり、やがてこれらは、ケインズの財政機能の重視へと導いてくる。

　汐見講師が学界に加わる頃は、まさにこうした時代であり、誰もが一方で正統派財政学を学びながら、そこから何とか脱却して時代を分析し解明しうる財政学を模索していたといえる。その結果、わが国にも、大正末から昭和初めにかけて、めぼしいいくつかの業績があらわれてくる[6]。

　先ず、大正12年（1923年）に東京帝大・土方成美教授（明治23年生れ、大正4年東京帝大卒業）による『財政学の基礎概念――経済社会と財政現象』（岩波書店）が限界効用学説を用いて、経済社会と財政現象との関係を明らかにしようとした。続いて大正15年（1926年）早稲田大学・阿部賢一教授（明治23年生、明治45年早稲田大卒業）は、『租税の理念と其分配原理』（早稲田大学出版部）を著わし、正統派財政学が税負担に関して能力説を主張し、それが学界の主流であったのに対して、利益説により租税の根拠、原則などを展開した。昭和に入ると、5、6年（1930、1931年）にわたって、東京帝大・大内兵衛教授（明治21年生れ、大正2年東京帝大卒業）の『財政学大綱上・中』2巻（岩波書店）が出て、マルクス主義財政学をわが国に確立するのに貢献する。同じ昭和5年（1930年）拓殖大学・大畑文七教授（明治31年生れ、大正14年京都帝大卒業）は『社会的財政学』（丁酉出版社）を著わし[7]、財

---

5) Hugh Dalton, *Principles of Public Finance*, 1922.（この翻訳が楠井隆三訳『ヒュー・ダルトン財政学』日本評論社、1927（昭和4年））、A. C. Pigou, *A Study in Public Finance*, 1928.
6) 戦前の内外の財政学文献については、井藤半彌『財政学概論』（日本評論社、昭和18年）の補論第2部に「財政学文献」（409-452頁）として、第1章財政学派と其の文献、第2章財政学文献解説、の詳細な紹介がある。また、明治から現代にいたる日本全体の財政学の歩みを展望したものに、『東京大学経済学部五十年史』（東京大学出版会、昭和51年）の「第2部経済学各分野の発展、6財政学」がある。ただし戦後はマルクス系が中心であり、ここで問題にしている時期では、汐見教授の研究については、取りあげていない。
7) その後、同種の系列で『租税国家論』（有斐閣、昭和9年）『財政学序説』（有斐閣、昭和14年）と展開されていく。

政を経済、社会、政治と関連させる財政社会学の先駆的業績となる。昭和6年（1931年）には、東京商科大学・井藤半彌教授（明治27年生れ、大正9年東京高商専攻部卒業）が『財政学原理—財政政策論』（巌松堂）を発表、財政学の方法論的研究として、財政学を科学全般、経済学、社会政策との関係において論じ、財政学の新たな展開を目ざした[8]。

汐見講師はこの同時期である昭和3年（1928年）に、学位論文でもある『日本財政の特殊問題』（有斐閣）を発表、この期の財政学研究がどちらかというと、理論的抽象的であったのに対して、極めて実証的具体的な研究の先駆的なものとして異彩を放っている。内容は、わが国の財政の季節的変動と酒税の転嫁について、実際のデータを用いる詳細な実証研究である。

当時の学界においては、欧米の文献を咀嚼し、理論的展開を何らかの独自性をもって行うという、依然として学問の輸入期の段階であって、わが国の実態を研究対象にすることはまれであっただけでなく、研究者が容易に手を出すべきではないとする風潮が強かった。それだけに、汐見講師の研究方法[9]は、その門下生に決定的影響を与えている。関西学院大学経済学部において長く財政学を講じることになる柏井教授も、この方法を受け継ぎ、さらに学部における財政学研究全体のあり方に、一つの伝統をつくりあげる基となったと判断することができる。

汐見講師のこのような研究態度は、師である小川郷太郎教授の教育者としての指導のあり方に関係していたようで、「君には君の行き方がある。短所を補うのに急であって長所を伸ばすのを忘れては、結局、何も

---

8) なお、この時期に財政学特に租税の学説ないし思想の発展を近代社会の形成の中で展望し、新しい財政学の展開に資するための代表的著作として、井藤半彌『租税原則学説の構造と生成』（巌松堂、昭和10年、戦後、新版が昭和44年、千倉書房より出版）、島恭彦『近世租税思想史』（有斐閣、昭和13年、昭和57年発行の『島恭彦著作集第1巻、財政思想史』有斐閣に入れられて新たに出版された）の2著があげられる。
9) 当時、この研究方法について同時期に学究生活を始めた人々を対比して、「数字の汐見、学説の井藤、マルクスの大内」といわれたということである。

残らない」「柄に応じて精進するのが学問の道である」(汐見三郎「小川郷太郎先生のことども」より)[10] といったことばに導かれ、自分の得意とするところに従った結果と思われる。汐見講師が大学卒業後ただちに大蔵省に入り調査に従事したこと、統計に強い関心があり、現に昭和6年4月に日本統計学会が設立される際に協力し、理事に就任したことからわかるように、現実をデータを通して分析することに関心と特技を見い出していたと推察される。

　また、大正12年から14年にかけて2年余を欧米に留学した時にも、ドイツで当時問題になっていた甜菜糖税の転嫁問題に関心を示し、それが日本に帰って酒税の転嫁問題にとり組む契機となったと言われている。このような実際の問題に対する強い関心が学位論文に結びつき、当時の学界の風潮からは特異なあり方を生み出すとともに、新たな財政学への地についた歩みともなった。それに加えて、当時の京都帝大経済学部の一つの特色でもあったが、地道に実証研究を積み重ねて、東大を中心とした東京の学界に対抗しようとする学問上の競争意識が、このようなあり方に拍車をかけたことも考えられる。

　こうした背景の中で、学部開設時から汐見講師によって「財政学」が講じられることになるが、教科書としては、それより少し前に、小川郷太郎・汐見三郎著『財政学・全』(有斐閣、昭和7年)が出版されていた。戦前における財政学教科書の代表作の一つであり、昭和15年に全訂版が出ている。内容は、正統派財政学の骨法に従って、緒論の他に、経費、収入、租税、公債、予算の5編からなる700頁弱の、同種の教科書と同様、膨大なもので、各編にわが国の制度を折り込みながら詳細な展開がなされている。実証研究において独自の見地と方法で財政学のフロンティア開拓に貢献していたが、財政学の体系化という点では、同世代がそこから脱出しようとしていた正統派財政学の枠組に依然としてとどまってい

---

10) 『書斎の窓』(有斐閣社報)昭和30年11月号、前掲『日本経済と財政金融政策』に再録366頁。

たといえる。ただ、実際の講義は、財政の実態を交えながら、学生に理解を求めていくという風なもので、膨大な教科書が与えるような威圧感よりは、親しみ深いものであったようである。

II　戦前における柏井教授

　学部において財政学の専任者として、最初に就任したのは、柏井象雄教授であった[11]。明治40年（1907年）兵庫県の現在の上郡町に生れ、第三高等学校を昭和2年3月に卒業後、京都帝国大学農学部農林経済学科に入学、後に中退し、同4年4月改めて経済学部に入学し、研究演習として汐見教授の財政学を専攻し、同7年3月卒業、ただちに大学院に入学、引き続いて同教授のもとで財政学を研究した。商経学部開設とともに汐見教授が出講することになり、学部の教授スタッフ養成の一環とし、また汐見講師の後継担当者として、学部開設2年後の昭和11年4月に専任助手として就任、講義担当なしで研究生活をつづけ、翌12年4月専任講師に昇任、その後「商業数学」、「独逸語講読」、「東洋経済事情」としての「支那経済事情」などを担当することになった。

　ただ、柏井教授の研究環境は十分ではなく、昭和7年に満州事変、昭和12年に芦溝橋事件がおこり、中国と戦争状態に入るなどといった情勢の中で、昭和8年2月から11月まで陸軍幹部候補生として入隊、その後12年7月から14年11月、16年7月から17年11月、19年7月から20年8月まで、前後3回、加えて敗戦後台湾から昭和21年3月に復員するまで、専任講師昇任以降9年間のうち、5年数ヵ月は兵役のために学究生活から全く離れている。

　このような悪条件の中ではあったが、兵役のあいまに、研究と講義が

---
11) 柏井教授の年譜・著作目録は、『経済学論究』第29巻第3号（昭和50年12月）柏井象雄博士記念号の巻末に掲載されている。

つづけられていく。昭和15年7月に助教授に昇任し、既に述べた通り、昭和16年度から汐見講師に代わって「財政学」講義と研究演習を担当することになるが、担当後間もなく兵役につくなどして、丸々1年間講義が可能であったのは昭和18年度のみであり、それも秋には学徒動員で講義不能となったりしており、講義の代講としてしばしば汐見講師に出講を願わざるをえない状況であった。

　柏井教授が財政学を学び始める昭和初期は、汐見講師の項でも述べた通り、財政学への新たな胎動が起っている頃であり、特に財政と経済との関係には、第一次大戦後の景気低迷、さらには1929年に始まる大恐慌の中で、財政研究者は強い関心を寄せた。わが国も、昭和4年の井上財政の緊縮政策から、昭和7年以降の"時局匡救予算"という形での高橋財政と呼ばれる拡張政策への転換という、経済政策のカジとりは財政を軸に大きく変化していた。柏井教授も、特にドイツ文献の中から、財政が経済に深く根を下ろしていることを解明しようとする新しい傾向をもっていたコルム、プライデラーら[12]の書によりながら、財政学一般の研究の緒についた。

　昭和7年、大学院入学時の研究テーマは、比較財政学ということで、この研究計画に沿って発表された処女論文は「独逸及仏蘭西の所得税」(『経済論叢』第36巻3号、昭和8年)であり、一連の研究はまとめられて、汐見門下が順次発行していた財政金融研究会紀要第3巻として、汐見三郎、佐伯玄洞、柏井象雄、伊藤武夫（現藤田立教大名誉教授）共著『各国所得税制論』(有斐閣、昭和9年) が発刊された。柏井教授は、この中でドイツとフランスの所得税の2章を担当している。所得税と平行して、第一次大戦を機に、ドイツで採用された売上税についても、比較財政学の一環として研究を進めていた。

　この時期のわが国は、軍縮が破れ軍拡へと転換し、さらには中国大陸

---

12) G. Colm, *Volkswirtschaftlishe Theorie der Staatsausgaben*, 1927., O. Pfleiderer, *Die Staatswirtschaft und das Sozialprodukt*, 1930.

での戦争など戦費調達に伴う財政膨張期にあたり、税制改革は重要な課題となっており、所得税を税制の中心に据える方向が順次とられるとともに、昭和11年の馬場蔵相による税制検討の中で、ドイツ流の売上税も俎上にのぼるなどの時期であった。柏井教授の研究は、こうした我が国の動きと関連してなされたものである。

これらの研究と同時に、昭和10年から3年間にわたって、文部省科学研究費を受けながら、汐見教授を中心に、門下生の柏井教授と後の京大教授田杉競氏の三人は、「農村財政の実態調査」を近畿地方の京都府、大阪府、滋賀県、兵庫県、奈良県の農村、山村、漁村、養蚕村の17カ村を対象に行っている。これらの調査の背景には、昭和初期の経済不況と緊縮財政が、農村経済に大打撃を与え、いわゆる農村恐慌を生じさせ、町村財政を危機に陥れていたという現実がある。

当時の市町村財政といっても、大部分が依然として農村部であったことから、その中心は町村にあったわけで、町村財政の重圧は主に義務教育費の負担から生じていた。このための国庫負担制度の見直しもなされたが、地方税負担の格差は地域の経済力格差を反映して、経済力が弱い地域の町村ほど、全体として重い負担を捻出しなければならないという深刻な問題を浮き彫りにし、弱小団体に対していかに財源を与えるかが重要かつ緊急の課題となった。その結果、昭和7年に地方財政調整交付金制度要綱が初めて内務省から発表され、紆余曲折をへて、昭和11年に臨時町村財政補給金制度、翌12年には府県も加えた地方財政補給金制度が実施され、今日の地方交付税のもとになるものができた。これは同時に、軍備増強のための兵力を農村部から吸収することを容易にする条件整備であったともいえる。

財政研究のわが国での当時における全般的傾向についてはすでに述べたが、地方財政という特殊研究にいたれば、内務省の役人を中心とした実務家による制度研究に限られ、学界ではほとんど手つかずの状況であった中で、町村財政の実態調査と理論的掘下げが汐見門下によってな

されたことは、汐見教授の学風が特色をもって展開され、わが国の財政研究のフロンティア拡張に貢献する様子がうかがえる。研究成果は、順次、『経済論叢』に発表され、柏井教授については、「農民の税外負担―特に部落協議費に就いて」（第 44 巻 3 号、昭和 12 年）にまとめられた。

この研究時期が、商経学部助手就任の時にあたっており、住居を現在の甲東園に定めたことも関連があると思われるが、西宮市を中心に阪神地域住民の租税負担の実証分析にも手を付けており、当時としては珍しい実地調査に新聞社が関心を示し、その内容を報道するということもあった[13]。

戦後、本格的に展開される教授の地方財政研究はこうしてスタートが切られ、汐見教授が戦前のわが国の地方財政全般を昭和 15 年の地方税改革以前と以後にわけて取り扱った、その頃としては珍しい研究書『地方財政問題』（『新経済学全集』の 1 冊、日本評論社、昭和 16 年）の著述にも協力し、わが国の地方財政が抱える問題に全体的俯瞰を得ていた。

商経学部専任講師となった昭和 12 年、授業開始早々 7 月から 14 年 11 月まで、2 年数ヵ月にわたって第 1 回目の応召により兵役につくことになり、研究は中断される。この時軍務についた地が、いわゆる "北支・中支" といわれるわが国の中国大陸侵略拠点であったことは、中国の経済的停滞の現状をつぶさにみる機会を与え、研究として積み重ねられていた実証的態度から、中国経済と財政の関係に取り組むきっかけを与えたといえる。兵役解除後、最初に書かれた論文が「自然と北支農民経済」（『商学論究』第 18 号、昭和 15 年）であったことからも、中国への関心がうかがえる。

再び学究生活に戻る 14 年 11 月に、同年京都帝国大学に新たに設けられ、東亜に関する人文科学の総合研究、とりわけ中国研究をめざしていた人文科学研究所嘱託に任じられ、中国研究の拠点が与えられるが、そ

---

[13] 実物は未見であるが、朝日新聞阪神版、昭和 11 年 11 月であった。

れは第2回の応召による兵役期間を除き、3回目の応召による兵役につく19年7月まで続く。15年3月には、人文科学研究所と関西学院大学から派遣の費用が与えられ、満州国と中国北部に1ヵ月にわたって視察旅行に出かけている。こうしたことが、中国経済と財政の研究に拍車をかけ、あい前後していくつかの論文として結実してくる。

　中国の経済と財政を実際に即し、また清朝末期から中華民国への過程を歴史的に研究することは、正統派財政学の殻を破り、財政を経済との動態的な関係でとらえることにつながっており、当時の財政学が切り開こうとしていた新しい世代の動きの一環であったといえる。先にコルム、プライデラーらのドイツ系学者に学んだことは見たが、同時に、ケネー、スミス、リカードといった古典派経済学における経済と財政の関係が学ばれており、こうした視点が中国研究においても適用されていくとともに、経済の停滞・発展については、シュムペーターの『経済発展の理論』に、中国経済についてはウィットフォーゲルの『解体過程にある支那の経済と社会』に多くを学んだという[14]。

　この研究の途上で助教授に昇進したが、16年7月に2度目の応召で兵役につき翌17年11月まで研究の中断をみる。当時の状況では生きて帰還できるかどうか危ぶまれたことは当然で、研究者として何とかこれまでの成果をまとめたいという切羽詰まった思いから、一著をまとめることになる。それが『近代支那財政史』（教育図書、昭和17年）である。序文を汐見教授が書いており、「柏井君が比較財政学の対象を支那財政にむけて収穫したる最初のものが本書であり、支那学者 Ming-Chung Tay の見たる近代支那財政史を、柏井象雄君が自己の体験と研究を通じ修正補足したものである。「はしがき」にもある如く、柏井君が本書に盛らんとした最初の構想は相当に大規模のものであったが、昭和16

---

[14] J. A. Schumpeter, *Theorie der Wirtschaftlichen Entwicklung*, 1912. 翻訳は第2版（1926）で中山伊知郎、東畑精一訳『経済発展の理論』岩波書店、昭和12年。K. A. Wittfogel, *Wirtschaft und Gesellschaft Chinas*, Erster Teil, 1931. 平野義太郎監訳『解体過程にある支那の経済と社会』上下2巻、中央公論社、昭和9年。

年に業半ばにして再度の応召の為めに北満の地に旅立った。現地より送られた原稿は著者の友人、三谷道磨君と田杉競君の助力により公刊の運びとなった。」と本著がとり急ぎ上梓された事情をしるし、柏井教授の「はしがき」の最後に"昭和16年10月　満州佳木斯にて"とあることからも、学問研究の困難な中で、なお著書の発刊を願った思いは、今日の平穏な状態からは想像のできない気迫を見る感がある。

　この著書は、本来ならば、2回目の兵役から帰り、第3回目の兵役にかり出される19年7月の間に書かれ、いずれも『経済論叢』に掲載された3つの論文「支那財政改革運動の起点」(第57巻2号、昭和18年)「支那財政改革運動の経過」(第58巻3号、昭和19年)「支那財政改革運動の結末」(第59巻1号、昭和19年) の完成を待って上梓されるべきものであったと思われるが、先のような事情の中で、Ming-Chung Tay, *Das Finanz-und Steuerwesen Chinas*, 1940. を紹介する形で、清朝末期から中華民国の財政改革運動と所得税の採用を通じて、当時の中国が歩んだ財政近代化のコースをまとめた3章に、これらを理解するために必要な近代中国社会史の性格を、外国勢力の侵入と新旧の交錯によって明らかにした1章を加え、全体を通観する財政改革運動の経過がはしがきに続いてしるされている。教授にとっては、まさにその時点で可能な限りでとりまとめられた著書であることをうかがわせる。その成果をさらにもう一著にまとめて世に問うことなく終ったが、戦後、最初にまとめられた『財政学の基本問題』(三笠書房、昭和24年) の最後の1章に、「財政史の1例――中国財政改革の経過」として『経済論叢』の3論文が要約されて掲載されている。教授が兵役のあいまにまさしく心血を注いだ研究であり、愛着深いものであったろう。

　なお、昭和15年10月に日本財政学会が63名の会員で創立され[15]、

---

15) 日本財政学会の創立総会と第1回学会開催の状況は、木村元一「日本財政学会の生誕」『一橋論叢』第6巻第6号（昭和15年12月号）「消息」欄において報告されている。

汐見講師は理事に、柏井助教授は会員に加わっており、戦後昭和26年第8回大会で柏井教授は理事に選出されている。

Ⅲ　戦後の柏井教授の研究・調査活動

　昭和21年3月に復員、同5月に教授に昇進し、戦後の研究教育活動を再開し、昭和25年4月に新制大学院開設とともに、指導教授の一員に加わり、学部運営にも重要なメンバーとなる。このような状態の中で、研究はまず、戦前からの財政と経済の関係についての取りくみを整備することから始まる。そして先にしるした『財政学の基本問題』が昭和24年に出版されることになる。

　この著作は、財政が政府職分を遂行するためにはたす収支均衡の問題と、財政が政府への収入と政府からの支出という二つの導管を通じて経済の再生産過程に著しく影響を与え、経済の安定と発展に寄与したり、所得の分配を修正したりする積極的側面をもつ問題とを、財政問題の2つの側面としてとらえて、この2つの側面の解明を目的としている。これをわが国の過去の財政やイギリスの財政に範をとって概括し、次に財政学の研究におけるドイツ正統派財政学を収支均衡財政論の例として見、もう1つの経済と財政の交錯を視野に入れる財政論を、ケネー、スミス、リカード、さらにケインズ、ハンセンの著作によって検討を加えている。この2つの財政問題への対応が具体的な財政政策の展開となるわけで、収支適合論の適用をわが国の明治・大正・昭和初期の財政と、第一次大戦後のイギリス、恐慌期のドイツによってみ、財政の経済に対する積極的働きとして、後発資本主義経済における上からの産業革命の遂行と恐慌期といった2つの局面で財政の働きをとらえ、具体的に明治初期の財政政策、昭和初期高橋蔵相の時局匡救予算、アメリカのニューディール下の財政政策をとりあげている。

以上の視点は、戦後期の財政学界における中心的テーマとなるケインズに始まる補整的財政政策も視野に入れ、後にマスグレィヴが財政を3つの機能によって整理、理解する方向とほぼ同じ問題意識によって支えられていることがわかる。

この時期に『財政政策と経済生活』（理想社、昭和25年）が続いて著される。戦後の第1の問題は経済再建とインフレ対策であったが、これは財政政策のあり方と深い関係にあり、特にインフレ問題と財政との関係を、前著と同じ視点に立って、昭和25年の安定恐慌にいたるわが国の歩みを、新聞を初めその他の資料によりつつ実証分析したものである。以上の昭和24、25年にあいついで著された2著は、教授が財政学研究を始めて以来のテーマに対する、この時点での総まとめという意味ももっている。

またこの頃、あいついで「財政学」講義用の教科書が出版される。まず、大阪市職員のために公務員研修の一環として講じられる「財政学」教科書として『財政学概論』（大阪市労務局、昭和25年）がまとめられ、この最後に「地方財政に関する諸問題」の1章が加えられている。次に『財政学』（Handbook of Economics、No.5）（有信堂、昭和26年））がシリーズの1冊として出版されており、地方財政を含む財政全般を範囲に、テーマ別に50の問題提起にそれぞれ解答する形で叙述され、財政学の知識を整理する自習書としても役立つよう工夫されている。この書を教科書風に書き改めたものが『財政学入門』（有信堂、昭和28年）であり、これらの書はいずれも伝統的財政学の配列項目に従っているが、『財政学の基本問題』での展開を踏まえ、財政と経済の関係の視点が組み込まれている上に、地方財政を含むという特徴をもっている。

戦後の柏井教授の研究は、何よりも地方財政の実態とそのあり方の解明に中心がおかれるが、地方財政とりわけ都市財政に関する調査研究の拠点となったのが、大阪市政研究所である。

大阪市政研究所[16]の発端は、昭和23年9月、汐見三郎、渡辺宗太郎

両氏をはじめ関西在住の行財政学者と大阪市理事者が会員となって、戦後日本の民主化に伴い、地方自治の理念のもとで地方制度の画期的な改正が相次いで行われ、これに即応した市政を行うために、都市行財政を科学的に新しい角度から再検討する共同調査機関として、先ず都市問題研究会が結成され、翌24年2月に機関誌『都市問題研究』が発刊されたことに始まる。同誌はユニークな研究月刊誌として今日にいたっている。

さらに、昭和24年8月シャウプ勧告がなされると、それに呼応して11月に都市問題研究会が母体となって大都市行政調査委員会を設け、行政事務配分を中心とする地方行政制度改革の問題について調査を行い、昭和25年3月から26年6月までの間に7次にわたり報告書を公表することになる。教授は当初から委員として、また雑誌の編集委員として参加し、『都市問題研究』に次々寄稿するとともに、7次にわたった報告では、第3次報告「地方公共団体に対する国家関与の方式」(昭和25年8月)、第4次報告「地方税制度の検討」(昭和25年10月)、第7次報告「事務再配分と財源措置とくに大都市を中心として」(昭和26年6月)の各報告書作成に加わっており、戦後の地方行財政の生々しい実態に触れて、理論と実際の両面について考察を深めることになる。

大都市行政調査委員会は昭和25年中にほぼ調査活動を終え、翌26年1月大阪市政研究所へと拡充強化され、恒常的調査機関の設置へとつながっていく。それまで月1回の例会は、毎週月曜日定例研究会と回数を増やし、教授が研究所運営委員として積極的に活動し、その働きは経済学部退職後も続いて昭和53年までにいたったことは、ちょうど戦後復興を終え高度成長期から都市問題が激化し、全く新しい局面の経験をつぶさに考察していく上で、絶好の場所を与えられたことになる。

現に、市政研究所は大阪市だけにとどまらず、昭和30年代に入り、

---

16) 設立20年に際して、同研究所を紹介するパンフレットを発行したが、以下の叙述は主にそれによっている。

阪神間や大阪市に隣接する都市に共通する諸問題について協議するため、昭和30年1月に阪神都市協議会、同31年7月に大阪市隣接都市協議会が発足すると、これらの協議会と連繋して、阪神大都市圏に所在する問題点の解明に努め、時に協同作業を行っている。また、昭和35年と37年の2回にわたった国連・日本合同の阪神都市圏調査団[17]の受け入れ団体として、研究成果を提供するなどの貢献をしている。教授は当然その一員として、これらの活動に加わって、次々に起ってくる都市問題に最も早く、しかも最前線で取り組む機会が与えられた。

　また、シャウプ勧告作成にあたって、汐見博士が日本側での協力者として参加し、その1つの成果として、昭和24年に、税制一般を研究する民間団体として、日本租税研究協会が設立され、同会長に就任したこともあって、柏井教授も同会創立以来関係を保っており、長く理事も努めて、わが国の税制に対する関心を持ちつづけることになる。このような税制への取り組みは、昭和33年、経済学部長に選出された年の7月に、政府の臨時税制委員懇談会委員に委嘱され、わが国の税制問題を広い立場から検討することへとつながって行く。

　他方、昭和28年から2年間にわたって、東京市政調査会と大阪市が後援し、蝋山政道氏を顧問に東西の行財政学者が、政府が設けた地方制度調査会とは別個に、国と地方の事務配分と財源配分を初め、広域行政

---

17) 第1回目の経過については、吉富重夫「国連の阪神都市圏調査に参加して」と「国連の阪神都市圏計画調査に関する経過」『都市問題研究』第12巻10号（昭和35年10月）、第2回目の経過についても同様に、吉富重夫「第2次国連調査の印象」と「第2次国連調査に関する経過」『都市問題研究』第14巻8号（昭和37年8月）にしるされている。ちなみに参加者は国連側、ワイズマン（国連社会局次長、ユーゴースラビア、都市計画、団長）、タイセン（オランダ社会研究所次長、オランダ、都市計画）、マヤーソン（ハーバード大教授、アメリカ、都市公共施設）、イルビザーカー（フォード財団、アメリカ、政治学）、ギンスバーグ（シカゴ大教授、アメリカ、地理）、エイブラムス（マサチュセッツ工科大教授、アメリカ、都市計画）の6名、日本側委員は川名吉衛門（大阪市大・都市計画）、米谷栄二（京大・道路工学）、吉富重夫（大阪市大・行政学）、長浜政寿（京大・行政学）、柏井象雄（関学大・財政学）、栗本順三（大阪都市協会会長）、坂本平一郎（大阪府大・農業経済）米花稔（神大・産業立地）、村松繁樹（大阪市大・人文地理）、藤岡謙二郎（京大・自然地理）、大道安次郎（関学大・社会学）の11名。

における区域の問題などを研究、討議する「地方制度研究会」がもたれ、教授もこれに参加している[18]。シャウプ勧告後の地方財政問題は、戦後の地方自治のあり方とも関係し、伝統的な日本のあり方にとらわれることなく、現実性をもちつつ新しい観点と理論を求めていたといえる。時期的にも、昭和 28 年は町村合併促進法を制定し、明治 20 年代初めに次ぐ大掛りな町村合併を進め、地方行財政の効率化をはかろうとしており、さらに翌 29 年には、地方財政再建が緊急課題となるなど、地方制度への多角的な取り組みが不可欠となっていた。

　教授のこうした地方行財政への関心は、具体的な府県や市町村の現場に、審議会・調査会といったものがまだ花盛りでない時代でも、さまざまな形で関係をもつキッカケを与え、行財政の現場に学ぶ姿勢は戦前の調査活動以来、いよいよ磨きがかかったといえるのではなかろうか。

　現場の地方自治体と財政学者の交流は、昭和 35 年から関西では大阪府が中心となり[19]、東京では地方財務協会が主催して行なわれ[20]、翌年には東京と関西の財政学者が地方財政の当面する課題を研究、討議する東西合同財政研究会を生み出し、教授は当初からこれに加わり、昭和 20 年代から蓄積した地方財政に関する考え方を一層深めることになる。

---

18) 東京側は、杉村章三郎（東大・行政法）、辻清明（東大・行政学）、鵜飼信成（東大・行政法）、佐藤功（成蹊大・憲法）、鈴木武雄（武蔵大・財政学）、藤田武夫（立教大・財政学）、大阪側は吉富重夫（大阪市大・行政学）、原竜之助（大阪市大・行政法）、柏井象雄がメンバーであった。
19) この時の参加者は、豊崎稔（京大）、大畑文七（甲南大）、藤谷謙二（大阪府大）、木下和夫（大阪大）、森川太郎（関西大）、松野賢吾（神戸大）、竹中龍雄（神戸大）、柏井象雄らであった。
20) 東京側から、井藤半彌（一橋大）、鈴木武雄（東大）、藤田武夫（立教大）、木村元一（一橋大）、恒松制治（学習院大）、井手文雄（横浜国大）、林栄夫（東京都立大）、小沢辰雄（武蔵大）、佐藤進（武蔵大）、高木寿一（慶応大）、武田隆夫（東大）、遠藤湘吉（東大）らが加わった。

Ⅳ　柏井教授の地方財政研究の展開

　戦後、特に『財政学の基本問題』と『財政政策と経済生活』を出版した昭和24、25年以来、これまでに述べたさまざまな活動分野の中で、専ら地方財政が抱える問題を、時宜に応じて取りあげて論文にまとめていくことになるが、昭和24年から学部退職時の昭和50年までに書かれた論稿100余編のほとんど全部が、地方財政に関したものであることは、戦後においていかに地方財政に特化、専念したかがわかる。それらは、いくつかの著作としてまとめられる。

　第1に、昭和20年代末に、兵庫県産業研究所の依嘱による研究報告『市町村財政の実態―地方財政改善の基本線』（昭和29年）が著わされ、次いで、これまでの地方財政の総まとめとして『現代地方財政の構造』（有信堂、昭和30年）が出版される。

　この書のはしがきで「わが国の地方財政は、地方税と地方交付税と所謂補助金の三本柱によって支えられているといってよい。」というように、この三本柱の1つ1つを1章に構えた3章構成になっている。この3つの制度を地方自治の基本線に沿うように組み立てて行くことが重要課題であるが、「それと同時にいまひとつ、地方財政も国民負担によって支えられており、それだけに、国民負担の面でのロスをできるだけ少なくするようなしかたを、それぞれの制度の中に織り込んで行くといったことも、忘れてはならない問題であると思っている。問題は、地方財政を貫くこの2つの線の調和にある、と考えてもよい。だから、地方財政と国民負担の結びつきを、そのときそのときの必要に応じて、つとめてとり入れていったつもりである」と指摘する。

　このことは、地方自治における財政のあり方をアングロ・サクソン型に求めつつ、今日でいう公共財の利益の地域的スピルオーバーによって、国と地方の事務配分を考え、地方税の条件を明確にした上で、国と地方の税源配分を行い、それに加えて国と地方の財政関係として、地方財政

第4章 関西学院大学における財政学の展開　137

調整交付金制度と補助金の機能を、国民負担の合理的なあり方としてとらえる枠組を浮かび上がらせている。そのための原理的展開が、主として *National Tax Journal* を初め英米の文献によってなされ、特に国と地方の財政関係については、チェスター[21]に多くの示唆を受けている。これらの理論的展開を、アメリカの地方財政、さらには日本の過去の実態分析によりつつ、具体的に論証していくという手続が全体にとられている。

教授の著述の特徴は、原理的部分の展開に必ずしも多くの頁がさかれていないため、あたかも実証分析に中心があるかに見えるが、原理的展開において極めて濃縮した形で、考え抜かれた、しかもその背後に実態が踏まえられた理論的な結論が十分に述べられている点である。もし理論の部分が一層ていねいに展開されておれば、その部分だけで一級の地方財政の理論書となり得たという感をふかめる。その意味で、この書は財政とりわけ地方財政の専門家によって、初めて咀嚼され理解され、地方財政を構想して行く上で大きな益を与えるものであるといえる。

昭和31年3月、この『現代地方財政の構造』を主論文とし、先の『財政学の基本問題』を副論文に、経済学博士号が授与された。経済学部旧制博士の第4号であった。翌32年8月から11月まで、学院が昭和29年から開始した外地留学規定によって、欧米に短期留学をしている。また、この頃から大学や学院の運営に責任を負うことになる。先ず、昭和29年度に大学学生課長を1年間つとめ、33年4月から37年3月まで経済学部長、つづいて同4月から41年3月まで学院財務部長と連続8年間重責をになっている。

この時期、昭和33年4月に、学部の後継者養成の一環として、財政学の2人目の専任者である橋本徹教授が専任講師として就任しており、

---

21) D. N. Chester, *Central and Local Government-Financial and Administrative Relations*, London, 1951.

共同研究調査が柏井教授を中心に、金子精次、橋本両教授ら計5名[22]によって、全国町村会の依託のもとで、いち早く実施されている。昭和20年末から30年代初めにかけての町村合併によって、新たに誕生した町村財政の実態を、兵庫県北条町、岡山県美作町をとりあげ調査分析することを目的としていた。北条町については、柏井象雄編『兵庫県北条町に関する調査報告書』（全国町村会、昭和35年）が柏井、金子、橋本の3名の執筆のもとで公刊され、続いて、これらの調査をもとに、さらに戦後の地方財政の諸問題を視野に入れて、全国町村会編『地方財政の基本問題』（学陽書房、昭和36年）が同じく前記3名によって執筆、出版されている。

　これらはいずれも柏井教授のリーダーシップのもとでなされたことで、同時期に、以上3名は『財政学』（玄文社、昭和35年）を共著の形で著わしており、はしがきには、当時志ざされていた共同研究への意気込みが感じられる。この『財政学』は、その後、柏井、橋本共著『財政学』（玄文社、昭和42年）と改版され、さらに3人目の財政学専任者として、昭和44年4月に山本が専任講師に就任するに及んで、柏井、橋本、山本共著『財政学』（有斐閣、経済学研究叢書第13号、昭和46年）が、同様に、柏井教授のリーダーシップのもとで出版される。

　これらはいずれも、当時の「財政学」講義の教科書として作成されたものであり、それぞれ特徴をそなえているが、とりわけ、有斐閣版『財政学』において、柏井教授は第1章「財政の機能」で、「政府は財政活動を通じて、市場経済でこなせない問題を処理したり、市場経済のもつ弱点を補完するものである」と規定し、財政の機能を資源配分、所得再分配、経済安定、経済成長の4つに分けてとらえ、それぞれの働きを分析している点が注目される。

　これは、すでに『財政学の基本問題』で概略とらえられていた観点で

---

[22] 他は、加藤一明法学部助教授（現教授）、中村五郎兵庫農大講師（現神戸大教授）である。

はあるが、昭和 30 年代から 40 年代に、わが国にとり入れられてくるアメリカでのマスグレィヴ、ブキャナン、デューら[23]の財政学の体系化、とくにマスグレィヴの体系化によるものであり、これらを研究、吸収し、取り入れた結果である。こうした公共財の理論を含む新しい財政理論の展開を咀嚼した成果は、同書第 6 章の「受益者負担」に十分発揮されており、当時、受益者負担の問題が実際にも、また学界でも議論の的となっていた時でもあり、公共財の受益のあり方による受益者負担の理論の展開、社会的費用の負担問題、受益者負担と所得再分配の関係、公益企業の料金問題、さらには実際の下水道料金を例としての受益者負担のあり方の検討など、比較的短い章ではあるが、理論的かつ実際的に、いかにも柏井教授らしい方法で、説得力をもってまとめられている。

同じことは、第 7 章「国と地方の財政関係」、第 8 章「大都市圏の構造と都市財源」にもいえ、年来の地方財政の取り組みを、以上の枠組の中で再検討し、わが国の国と地方の財政関係及び都市財政の問題を引き出している。

以上のような財政学の展開は、現時点では当然すぎるとも言えるが、すでに自己の研究方法を固めてしまっている年齢と、さらにこの頃に学院、学部での重責をはたしていたことを思うと、研究者としてどのような時にも絶えず現実からの刺激と体系化への意欲をもって研究をつづけていくことの必要を強く感じさせる。

教授は学部を退職する時機をひかえて、地方財政のうち、戦後長くたずさわってきた都市財政研究の集大成化をめざして、『現代都市財政論』（有斐閣、経済学研究叢書 15、昭和 49 年）を上梓する。先の『財政学』で展開した枠組によりながら、かつて『現代地方財政の構造』でとった

---

[23] アメリカの教科書ないし財政学の体系的な書物が相次いで出ている。R. A. Musgrave, *The Theory of Public Finance-A Study in Public Economy*, 1959., J. M. Buchanan, *The Public Finance-An Introductory Textbook*, 1st ed., 1960., J. F. Due, *Government Finance-An Economic Analysis*, 1st ed., 1954.

3章構成を、都市財政の観点から、その後の変化も踏えて展開し、受益者負担と都市行政の領域、及び都市圏の財政問題の2章を加え、最後に、大阪市と西宮市の具体的実証研究でしめくくられている。ここでも公共財の理論から学ばれたことは生かされており、『現代地方財政の構造』では「現代地方経費の性格や、その効率的な使用のしかたや、さらに地方財政の経済的側面なり経済的機能などについては……問題を真正面からとりあげていない」といわれているが、本書においては、章こそ1章を立てていないが、財政負担が都市サービスの受益と絶えず関連づけてとらえられており、そのサービスの多様性についての認識が都市の財政問題をとらえる鍵となることが、十分展開されている。

この著が出版される前に、柏井教授から大学院で指導を受けた岡本登太郎氏（現京都学園大学教授）、藤井勝也氏（現阪南大学教授）、一時柏井教授の下で共同研究した池野茂氏（当時関西学院高等部教諭、現桃山学院大学教授）と共に柏井象雄編『都市と財政』（大明堂、昭和47年）が出版されており、教授の指導の下でなされた実証研究の成果が盛られた一著である。この他に大学院で指導を受けた中島克己氏（現八代学院大学教授）がいる。

こうして柏井教授は昭和50年3月退職、学部の一線から身を引き名誉教授の称号を与えられるが、現在に至るまで大学院生のために修士課程の講義を続けている。柏井教授が汐見教授から薫陶を受けた理論と実証のはざまに身を置き、現実的問題につき動かされて問題を分析し、さらにそれを体系化するという伝統は、新たに昭和53年4月に林助教授が4人目の専任者として助手に就任した現在も、それぞれの専任者を通して受け継がれているといえる。

第III部
実践報告

第5章　「経済と経済学基礎A」(2007年度春学期)

配布講義ノート

日程　（月曜日3限、金曜日3限）

［**全体の授業**］次のような4つのポイントを上げて、授業を進めます。

テーマ　経済問題に関心を呼び起こし経済を理解するために、日本経済の中から**7つのテーマ**を示し、そのテーマを手掛りに<u>経済センス</u>を身につけます。　　——「**考えること**」

ツール　「経済センス」を身につけるためには、経済学のツールは経済を理解する鍵をあたえます。大きく**ミクロ理論（価格理論）**と**マクロ理論（所得理論）**にわけることができます。そのために、簡単な「図」を用います。
「図」は、<u>経済循環図</u>、<u>生産可能曲線図</u>、<u>市場の需要・供給図</u>、<u>企業の生産関数・費用曲線図</u>、<u>国民所得総需要・総供給曲線図</u>、<u>無差別曲線図</u>などが主です。
　　——「**習得すること**」

キーワード　経済を理解するためには経済と経済学に重要な用語があります。これをできるだけ丁寧に提示します。主なものは次の21の用語です。
<u>希少性</u>、<u>機会費用</u>、<u>生産性</u>、<u>経済制度・インセンティブ</u>、<u>貨幣と交換</u>、<u>市場と価格</u>、<u>供給と需要</u>、<u>競争と市場構造</u>、<u>所得分配</u>、<u>市場の失敗</u>、<u>政府の役割</u>、<u>総需要と総供給</u>、<u>失業</u>、<u>インフレーション</u>、<u>財政政策</u>、<u>金融政策</u>、<u>比較優位</u>、<u>貿易障壁</u>、<u>国際収支</u>、<u>為替レート</u>、<u>経済成長</u>
　　——「**憶えること**」

> **エクササイズ** 自分なりに経済問題についての理解の道筋を探します。そのために、授業の中で「質問」を出し、的確な答えを見出す練習をし、3回の小テストを予定しています。
> ──「**練習すること**」

[テーマ1] 戦後60年の日本はどうして経済大国になったのだろうか
　　　　　1　経済をみる眼
　　　　　　　──太平洋戦争前後による政治の経済支配
　　　　　2　日本経済の廃墟から高度経済成長の始まり
　　　　　　　──経済の政治からの自立
　　　　　3　経済成長からの頓挫
　　　　　　　──迷走した自由経済

[テーマ2] 日本経済の「強さ」と「弱さ」はなんだろうか
　　　　　──「市場の競争」
　　　　　1　企業経営の目標と日本企業の「強さ」と「弱さ」
　　　　　2　家計行動の目標と日本の消費の特徴
　　　　　3　「市場の競争」はどんな働きをするのか、また日本においてどんな状況か

[テーマ3] いま経済格差が問題になっているとはどういうことか
　　　　　──家計と消費生活
　　　　　1　家計所得はどこから生まれるのか
　　　　　2　所得格差はどうして生じるのか
　　　　　3　所得格差の緩和の方法は何だろうか

[テーマ4] 日本の産業構造はどのように変化してきたのか
　　　　　──産業と企業の変化
　　　　　1　日本の産業構造の変化とは
　　　　　2　産業の転換はどのようにしておこるのか
　　　　　3　国際競争が日本産業に与える影響はどんなものか

第5章 「経済と経済学基礎A」(2007年春学期) 配布講義ノート

[テーマ5] 日本経済に財政と金融はどのような役割をしているのか
　　　　　——政府と金融機関の働き
　　　　1　政府は経済においてどんな働きをしますか
　　　　2　金融の働きはどんな働きか
　　　　3　金融と財政の経済活動

[テーマ6] 日本の財・サービス価格の変化と物価水準の変化はどうなっているか
　　　　1　日本の物価はどんな動きをしてきたか
　　　　2　日本の財・サービス価格はどんな動きをしてきた
　　　　3　日本の賃金はどうして決まるか

[テーマ7] 少子と高齢社会と人口減少の日本はどんな経済が予想されるか
　　　　1　人口は経済にどんな影響を与えるのか
　　　　2　少子高齢社会はどんな経済社会が予想されるか
　　　　3　少子高齢対策としてどんなことが考えられるか

　ここで用いた [**日本経済の主なデータ**] の「年表」「経済統計」データは、主に次の書物によっています。

『日本国勢図会・長期統計版「数字でみる日本の100年」』(改訂第5版)
　　　　　　　　　　　　　　　　　　　　　　矢野恒太記念会、2006.12.

　他は政府刊行物などの次のような、毎年、発行されているものを使っています。
　　　　内閣府『国民生活白書』
　　　　内閣府社会経済総合研究所『経済要覧』
　　　　総理府統計局『日本の統計』
　　　　内閣府『日本の財政』
　　　　東洋経済新報社版『図説日本の財政』
　　　　矢野恒太記念会『日本がわかるデータブック日本国勢図会』

テーマ1　戦後60年の日本はどうして経済大国になったのだろうか

ツール　「経済循環図」「マクロ理論と分析」

市場経済の循環、希少性、機会費用、自由な市場メカニズム、市場における需要と供給、国民経済全体の生産性、資源の配分、経済制度とインセンティブなどについて学びます。

第1回　4月9日（月）

1　経済をみる眼——太平洋戦争前後による政治の経済支配

今年度入学の学生諸君が生まれたころの日本経済は、1988～9年とすると、**バブル**景気が訪れた時期です。そして小学校へ入るころには**バブル崩壊**がおこり、**失われた10年**に入っています。政治は、経済を何とかしようというのがこの時期の最大のテーマでした。今世紀に入りようやく回復の兆しが現れ、今は史上最長の好景気という統計上の評価です。しかし、過去の好景気や経済成長と様相が変わっています。このような経済状態を理解するために、**経済をみる眼**を養っていきましょう。

◆経済の発展をとらえるには、政治（国家）と経済（市場）の関係を知る必要があります。
　しかし、経済をみるためには、**政治の経済への関係**はとりあえず後回しにして、「経済」固有の問題に集中します。

◆「経済」固有の問題をとらえるには「市場」をよく観察する必要があります。

◆市場では、「需要」と「供給」が出会う場です。この**市場（Market）**、**需要**

(Demand)、**供給（Supply）**、が最も大切な［キーワード］です。このキーワードを使いこなすことから、始めましょう。

この市場で需要者となり供給者となる経済の意思決定をする者を経済主体といいます。

エクササイズ（常識の再確認）

① **市場**は**財・サービス**や**生産要素サービス**の**需要と供給**が出会うところです。そこでは何がおこりますか。

  財・サービスの需給： 原材料・エネルギー・投資財・中間財・最終財・サービス（流通、IT、卸売、小売、レジャー、保健衛生、公務など）
  生産要素サービスの需給： 労働力サービス
           資本サービス
          土地サービス
  生産要素［労働（人）、資本（建物設備、機械など…投資財）、土地、ただし（労働＝人）の需給は禁止されている］の需給と生産要素サービスの需給との区別

② 市場にはどんな**種類**がありますか。

  ❖Note❖

③ 市場では誰が**需要者**になり、誰が**供給者**になりますか。
 （これは市場における経済主体を明らかにすることです）
    ❖ Note ❖

④市場に需要と供給が出会う場合、**その広がり**はどれぐらいの広さですか。
❖ Note ❖

⑤市場を中心に**経済循環図**を描いてください。
（市場を大きくわける財サービス市場と生産要素サービス市場と、それぞれに需要者、供給者として参加する経済主体が誰であるかを明らかにします。市場によって一方が需要者となり他方が供給者となり、それが逆転することをよくとらえましょう）
❖ Note ❖

⑥市場で需要と供給が出会う状態を簡単に理解する**需要・供給曲線**を描いてみましょう。
❖ Note ❖

◆経済の変化を知るには主に2つ方法があります。

(1) わたしの家の**家計**、父が勤めている**企業**（製造会社、銀行、コンビニなど）といった個別経済活動の主体がどのような経済活動をするのか。
―ミクロ経済の視点

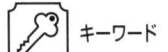

🗝 キーワード　**市場と価格**　―自由経済・統制経済
　　　　　　　市場の法的整備　―権利・義務の明確化（商法・民法など）
　　　　　　　　　　　　　　　―政治の登場
　　　　　　　希少性（scarcity）
　　　　　　　　機会費用（opportunity cost）
　　　　　　　生産手段・経済資源

(2) 日本経済全体、日本の企業全体、日本の家計全体といった全体の経済活動がどうなっているのか。
―マクロ経済の視点

キーワード

所得の動き
経済成長 ―経済規模が大きくなる
経済成長率（GNP の増加率）＝その年の GNP／前年の GNP
国民総生産（Gross National Products）国内総生産（Gross Domestic Products）
経済活動が浮き沈みする ―景気変動

◆日本の戦争経済 ―資源の海外依存 ……「北朝鮮」経済からの連想

　戦争は経済力（天然資源・エネルギー・労働力・資本・生産力など）を戦費に集中し、戦災で過去からの経済資源（資本設備・住宅・生産消費関連インフラなど）が消失することの経済状況を、以下の用語で説明します。

実質国民支出＝個人消費＋国内総投資（資本形成）＋政府財貨サービス
　　　　　　＋経常海外余剰

戦争末期に、「消費」の削減、「政府支出」（戦費）の拡大。

敗戦直後に、戦災から「資本設備」破壊（4 分の 1）と生産力の低下、政府支出は大幅に減少、消費の切りつめ（実質国民支出は、敗戦は末期から半減）。
　　　　　インフレーションの発生 ―1 ドル 2 円から 360 円に為替レートの設定（1949 年）。

キーワード

希少性 軍需 vs 民需
機会費用 戦争のためにその他の多くを断念
　　　生産手段・経済資源
　需要を支えるもの―所得（おカネの存在）
　供給を支えるもの―生産力（原材料・エネルギー・機械設備・労働力
　　　　　　　　　　　　　　　　　　　　　……資本 vs 労働）

150　第Ⅲ部　実践報告

🔑 キーワード　　**貨幣と交換**
　　　　　　　　　需要の旺盛　潜在需要と顕在需要
　　　　　　　　　供給の不足　ボトルネック
　　　　　　　　　経済の統制（市場の機能を規制する　―配給制度）
　　　　　　　総需要と総供給
　　　　　　　　　国民所得・国民総生産（GNP）
　　　　　　　　　―「国民所得の三面等価」（生産・分配・支出）

◆経済復興と再建のために、政府によって重要産業に資源を優先的に集中する経済統制がとられた。　　　需要と供給の管理　―価格統制と数量統制

第2回　4月13日（金）

2　日本経済の廃墟から高度経済成長の始まり
　　　―経済の政治からの自立

◆市場機能の回復　―資源過少国の生きる道
　　　　モノづくり（原材料の輸入と製品輸出）
　　　　　　　　　　　　　…日本のモノづくりは古くからの伝統

```
❖Note❖
_____
_____
_____
```

（資源配分の問題）　―**統制解除**と**市場の自由化**（政治から経済の自立）
市場はこの問題を最も**効率的、合理的**に対処する道を示してきました。
経済学が著しく進んできたことも、この問題に取り組んできたことによります。

[戦後の政治的エポック]
1951 年　敗戦による占領時代から「独立」（サンフランシスコ平和条約）
1960 年　日米安保条約の締結による政治危機（安保騒動）
1970 年　同　条約の改定（学生の叛乱）

[戦後の経済的エポック]　―戦後の混乱からの回復
1954 年　神武景気（同年 12 月〜 57 年 6 月の 42 カ月）戦後初**好況**
1956 年　『経済白書』（現在『経済財政白書』）「**もはや戦後ではない**」
1960 年　「所得倍増計画」、**貿易の自由化**方針決定
　　　　　1961 〜 70 の 10 年間の実質国内総生産（GDP）平均成長率約 10%
1967 年　**資本の自由化**方針決定
1968 年　GNP 資本主義国第 2 位に
1971 年　為替レート 1 ドル 360 円から 308 円（円の切り上げ）
1973 年　第 1 次**オイルショック**、円の**変動相場制**へ移行

◆「もはや**戦後ではない**」ということは、経済的には戦前に到達していた経済水準に戻ったということです。

◆**経済統制**でよく知られたのが「配給制度」で、最も後まで残ったのが「米穀管理」です。　　　　　　　　　―「米穀通帳」が各家庭に渡されていた

◆このような経済統制を緩め、**市場の機能**を回復させることが、この時代の課題となりました。

エクササイズ

①財サービスの需要には大きくわけるとどのようなものがあり、これを統制するにはどんな方法がありますか。

❖ Note ❖

○需要曲線で描いてみましょう。
❖ Note ❖

合理的経済人の行動
<u>希少性</u>
<u>機会費用</u>

②財サービスの供給をどのような方法で拡大することができますか。供給を統制するためにどのような方法がありますか。
❖ Note ❖

○供給曲線で描いてみましょう。
❖ Note ❖

<u>所得</u>－<u>消費</u>＝貯蓄　　<u>利子率</u>の価格機能

③以上のことから、<u>経済統制</u>を解除して<u>市場の自由</u>な働きにゆだねることになると、どのようなことがおこりますか。

🔑 キーワード　　<u>経済制度とインセンティブ</u>

○需要・供給曲線で描いてみましょう。（前回の応用）
❖ Note ❖

④経済の拡大（<u>経済成長</u>）とはどのようなことをいいますか。それはどのようにしておこりますか。（前回の復習）
❖ Note ❖

⑤ミクロ（価格）とマクロ（所得）の見方によって、経済成長がおこる道筋を考えてみましょう。

（ミクロ）ある財サービスの増加を需要・供給曲線で描いてみましょう
ここで<u>相対価格と絶対価格の違い</u>を確認します。

❖ Note ❖

（マクロ）経済全体の財サービスの増加について 45 度線を使って描いてみます。
（<u>国民所得</u>の増加を説明する方法―<u>乗数</u>理論の手始めを示します）

❖ Note ❖

◆経済成長が始まるためには、<u>生産力</u>という供給面の考察が必要です。

キーワード
<u>雇用</u>（完全雇用、不完全雇用）
<u>失業</u>（潜在失業、摩擦的失業、構造失業）
<u>資本</u>装備
<u>技術進歩</u> ―「分業」「協業」「一貫生産」「オートメーション」

第 3 回　4 月 16 日（月）

3　経済成長からの頓挫―迷走した自由経済

［バブル期以降の経済］
1979 年　第 2 次<u>オイルショック</u>
　　　　イギリス・サッチャー政権（1981 アメリカ・レーガン政権）
　　　　（世界的な<u>市場の自由化・規制緩和</u>の始まり）
1986 年　平成景気（<u>バブル経済</u>　― 1986.12 〜 1991.2　51 カ月）
　　　　1985 〜 90 の 6 年間の<u>実質国内総生産平均成長率</u>　約 4.9%
1989 年 12 月 29 日　日経平均株価　38,915 円の超高値
1991 年　<u>バブル崩壊</u>（「失われた 10 年」といわれている）
　　　　1991 〜 2000 の 10 年間の<u>実質国内総生産平均成長率</u>　約 1.1%

戦後の景気循環：日本の平均的な景気循環の期間は 50 カ月

循環	景気の谷	景気の山	景気の谷	拡張期間	後退期間	全循環
1	—	1951. 6	1951.10	—	4	—
2	1951.10	1954. 1	1954.11	27	10	37
3	1954.11	1957. 6	1958. 6	31	12	43
4	1958. 6	1961.12	1962.10	42	10	52
5	1962.10	1964.10	1965.10	24	12	36
6	1965.10	1970. 7	1971.12	57	17	74
7	1971.12	1973.11	1976. 3	23	16	39
8	1975. 3	1977. 1	1977.10	22	9	31
9	1977.10	1980. 2	1983. 2	28	36	64
10	1983. 2	1985. 6	1986.11	28	17	45
11	1986.11	1991. 2	1993.10	51	32	83
12	1993.10	1997. 5	1999. 1	43	20	63
13	1999. 1	2000.11	2002. 1	22	14	36
14	2002. 1	—	—	—	—	—
平均（第 2 循環〜第 13 循環）				33	17	50

◆**景気循環**は、市場経済ではどうしても避けられない経済変動です。**経済変動**には大きくは**景気循環と経済成長**（ないしマイナス成長）にわけることができます。

◆**それではなぜ経済変動が生じるのか**
　これがわかるのが、経済学を学んでいく成果の一つです。

　市場経済を動かすものは、市場に現れる需要と供給ですから、経済変動がおこるということは、この需要と供給に変化がおこることによります。需給の変化は、**価格と所得（＝消費＋投資＋政府支出）**とその動きの見通し（**予想ないし期待**）が大きく影響します。

○ここで、経済行動の「現在」と「将来」についてまとめておきましょう。
　現在消費と**将来消費**との区別はあります。
　　　　　　将来消費は現在消費をしないから**貯蓄**の動機となる。

第 5 章 「経済と経済学基礎 A」（2007 年春学期）配布講義ノート　　155

エクササイズ

①バブルがこの将来予想によったことを、土地価格を事例に述べてください。

❖Note❖

同様のことは**株価**についてもいえます。

❖ Note ❖

○それらのことを需要・供給曲線によって描いてみましょう。

❖ Note ❖

②**バブル崩壊**は、バブルで起こったことの逆によって生じたことを、同じく需給曲線で説明しましょう。

❖ Note ❖

バブルとバブル崩壊の経済状態の変化を**経済成長**によってみると、次のようになります。

国内総生産（実質）対前年度比　　　　　　　　（%）

会計年度		会計年度		会計年度	
1981	2.8	1991	2.2	2001	−0.8
1982	2.6	1992	1.1	2002	1.1
1983	1.7	1993	−1.0	2003	2.3
1984	3.9	1994	2.3	2004	1.7
1985	4.5	1995	2.4		
1986	2.8	1996	2.8		
1987	5.0	1997	−0.1		
1988	6.7	1998	−1.3		
1989	4.3	1999	0.6		
1990	6.0	2000	2.8		

③これを縦軸に成長率、横軸に年度をおいて、この変化を折れ線グラフで描くとよくわかります。
（**実質と名目の違い**があることを知る必要があります）
❖ Note ❖

④バブルとバブル崩壊、それからの**バブル不況の10年**、**不況からの脱却**のためには、市場経済の再生が必要でした。市場が経済活動への**インセンティブ**を取り戻すということです。
市場活動のインセンティブとはどういうことでしょうか。またそれに障害となっているものを示すことができますか。

企業（会社）
　　有利子負債

金融機関（特に銀行）
　　不良債権

家計
　　失業・リストラ（restructuring）

政府
　　政府支出（国債を財源）による不況対策

⑤経済システムの**構造改革が市場メカニズムの活性化**となることを以下の［キーワード］で考えましょう。特に、産業構造の転換がそのために引きおこされることを確認します。また、市場インセンティブがもっているマイナス面についても知っておきます。
❖ Note ❖

第 5 章 「経済と経済学基礎 A」（2007 年春学期）配布講義ノート　　157

キーワード　経済制度とインセンティブ　　「会社」企業
　　　　　　　「銀行」　金融機関　不良債権
　　　　　　　「産業構造の転換」
　　　　　　　「失業」─若年失業　中高年失業
　　　　　　　「地域開発」
　　　　　　　「環境」「エネルギー」

ツール　　景気循環・経済成長（経済変動）

テーマ 2　日本経済の「強さ」と「弱さ」はなんだろうか
　　　　　──「市場の競争」

ツール　　「需要曲線の傾き」「供給曲線の傾き」「ミクロ理論と分析」

　「限界的」という見方、競争と市場構造、経済における「関数」関係、生産可能性、生産関数、企業の費用、家計の消費などについて学びます。

第 4 回　4 月 20 日（金）

1　企業経営の目標と日本企業の「強さ」と「弱さ」

　戦後の日本企業は、自然資源の不足を豊富な労働と経済計画による政府の資本集中によって戦略的な産業に投入し、戦後 25 年にして世界のトップレベルの工業力をもつ経済大国にのしあがりました。
　その足どりを、次のデータで読みとることができます。

［日本経済の主なデータ］
1951年　綿織物輸出世界一
　　　　（1956年　対米綿製品・絹製品の輸出自主規制）
1952年　国産ルームエアコン発売
1953年　国産白黒テレビ発売（1959年　カラーテレビ発売）
1955年　世界初トランジスタラジオ発売
1956年　造船世界一に
1960年　二輪車生産台数世界一
1961年　1次エネルギー供給で、初めて石油が石炭を上回る
　　　　（エネルギー革命）
1965年　完成自動車の輸入自由化（1958年　自動車の対米初輸出）
1966年　原子力発電初の営業運転開始
1980年　自動車生産台数世界一（1981年　乗用車対米輸出自主規制）

　これを見ると、戦後、世界経済に復帰するのに、まず繊維産業の軽工業からはじまり、重化学工業へ移行、家電の開発と拡大、自動車産業の成長などの過程が示されています。後に見ることですが、その度に貿易摩擦が特にアメリカとの間で生じていきます。

エクササイズ

①企業の経営目標は何でしょうか。

　<u>利潤追求</u>の具体的な内容を考えます。
　利潤の大きさからすれば、得ることができる利潤極大ということになります。しかし、利潤追求は変わらないとしても、その内容は異なります。

②供給曲線によって、市場活動によって利潤がどうして生じるかを描きましょう。

　　　<u>利潤</u>＝<u>売上</u>（総収入）— <u>費用</u>

利潤極大化：数値例

生産量	総収入	利潤	限界収入	限界費用	利潤の変化
0	0	-3			
1	6	1	6	2	4
2	12	4	6	3	3
3	18	6	6	4	2
4	24	7	6	5	1
5	30	7	6	6	0
6	36	6	6	7	-1
7	42	4	6	8	-2
8	48	1	6	9	-3

❖Note❖

③企業の費用は、供給量の増加とともにどのように変化しますか。
　供給量1単位の費用　**限界費用**（marginal cost）
　　　　　　　　　　　平均費用（average cost）

　生産費用（総費用）は**固定費用**と**可変費用**からなります。
　　　　　　固定費用：生産をするための一定量の施設・機械設備の費用
　　　　　　可変費用：生産量1単位毎に必要な原材料・賃金などの費用

　通常に描かれるのは、**供給曲線は右上がり**です。
　　　　　（供給曲線は新たに1単位生産するのに必要な追加費用（限界費用）を表しています。）
　　　　　右下がりということは　—**限界費用逓増状態**を表しています。

◆その場合**平均費用**はどうなるでしょう。

　限界費用は、総費用が固定費用と可変費用からなる場合、大きく2つの局面があります。

限界費用逓減、限界費用逓増

このことが生じるのは、**可変費用**の限界費用が逓増しても、生産量に関係なく**固定費用**が一定額不可欠だからです。

◆こうした費用関係を数値例で示すと次のようになります。

費用曲線の数値例

生産量	総費用	固定費用	可変費用	平均費用	限界費用
0	2	2	0	—	—
1	3	2	1	3	1
2	3.8	2	1.8	1.9	0.8
3	4.4	2	2.4	1.47	0.6
4	4.8	2	2.8	1.2	0.4
5	5.2	2	3.2	1.04	0.4
6	5.8	2	3.8	0.96	0.6
7	6.6	2	4.6	0.95	0.8
8	7.6	2	5.6	0.95	1
9	8.8	2	6.8	0.98	1.2
10	10.2	2	8.2	1.02	1.4
11	11.8	2	9.8	1.07	1.6
12	13.6	2	11.6	1.14	1.8
13	15.6	2	13.6	1.2	2
14	17.8	2	15.8	1.27	2.2

・限界費用は最終的には生産量とともに増加します。
・平均費用曲線はU字型となります。
・限界費用曲線は平均費用の最小値で平均費用曲線と交わります。

❖ Note ❖

このような費用曲線は生産における費用と生産効率によって変化します。限界費用が逓増するのは**限界生産力が逓減**することから生じます。

④**生産関数**を描いてみます。**縦軸に生産量、横軸に必要な生産要素サービスの単位**（ここでは雇用労働数）を示します。雇用労働1単位による生産量（限界生産力）は、その数が増えるにつれて生産量が減ってくる。これが**限界生産力逓減**です。

この**限界生産力逓減**によっておこってくる**限界費用逓増**を、費用曲線である供給曲線を描くと、**右上がりの供給曲線**となります。

❖ Note ❖

⑤ **費用逓減**はどのようにして生じるでしょうか。
　規模の経済（economy of scale）
　固定費用（施設・機械設備など）が大きくなれば、追加生産量1単位に必要な**可変費用**（たとえば雇用労働量）は、生産量の増加とともに**増えて行く**にしても、**平均費用は逓減**していきます。今日の**大規模生産**が求められる理由です。
　しかし、可変費用の増加速度が早まれば、**平均費用逓増**になります。そこでは**限界生産力が逓増**することになります。

◆以上をまとめますと、平均費用ということからは、次の3つの段階があります。
　　　　　費用逓減、費用一定、費用逓増
❖ Note ❖

◆**大量生産による費用軽減**
　　　多品種少量生産　―製品の差別化
　　　高付加価値生産

◆日本の**強い産業・弱い産業**
　以上のことから現在**強い産業**（自動車、工作機械、電化製品など）と**弱い産業**（サービス、流通、土木建設など）とわかれる理由が理解できます。
❖ Note ❖

🔑 キーワード　「利潤極大化」「日本型経営」「企業間競争」
　　　　　　　「大量生産」「多品種少量生産」「製品の差別化」
　　　　　　　「期待と企業行動」

「高付加価値生産」
供給曲線　限界費用と平均費用
限界費用逓増　限界費用逓減
限界生産力逓減　規模の経済

　　ツール　　「限界原理」―「生産可能曲線」「生産関数」「費用関数」

第 5 回　4 月 23 日（月）

2　家計行動の目標と日本の消費の特徴

[日本経済の主なデータ]

1953 年　白黒テレビ放送開始（この頃から「テレビ」「冷蔵庫」「洗濯機」の電化製品が「三種の神器」として家庭の購買目標となる）

1960 年　テレビのカラー化　1964 年東京オリンピックで一挙に普及（この頃から「カラーテレビ」「クーラー」「カー」の 3C が購買目標となる）

1968 年　消費者保護法制定（2004 年　消費者基本法となる）
　　　　GNP 資本主義国第 2 位に

1970 年　大阪万国博覧会開催

1973 年　第 1 次オイルショック

1983 年　ファミコン登場

1987 年　携帯電話発売

1989 年　消費税実施（3%）　1997 年　5% となる

1992 年　学校週休 2 日制へ（はじめは 4 週 5 休）

1995 年　Windows95 日本語版発売、パソコン利用者急増

2002 年　完全失業率平均 5.4% で過去最高

◆上記に戦後日本の家計が経験した、エポックとなった出来事をあげてみました。

勤労者世帯の家計所得と消費

年次	世帯人員（人）	可処分所得（円）	平均消費性向（％）	食費／消費支出（％）
1963	4.19	49,076	83.8	36.6
1970	3.90	103,634	79.7	32.2
1980	3.83	305,549	77.9	27.8
1990	3.70	440,539	75.3	24.1
1995	3.58	482,174	72.5	22.6
2000	3.46	472,823	72.1	22.0
2004	3.48	444,966	74.4	21.8

食費／可処分所得＝エンゲル係数

○戦後日本における「勤労者世帯の家計所得と消費」を観察してください。いくつかの特徴を見いだしてください。

❖Note❖

エクササイズ

①家計は、家族の経済生活のために、稼いだ所得（**稼得所得**－所得税などの税＝**可処分所得**）を大きく2つの部分に分割します。

可処分所得（disposable income）＝**消費**（consumption）＋**貯蓄**（saving）
（借金の返済はマイナス）
この2つはどのように分割するのでしょうか。

❖ Note ❖

「**消費性向**（propensity to consume）消費率）」
「**貯蓄性向**（propensity to save）（貯蓄率）」

②消費部分はどのような消費財サービスに分割するのでしょうか。
　　　「衣」「食」「住」関係費　―生活必需品
　　　その他の消費財・サービス（「ぜいたく品」はあるのか）

　<u>消費者選択</u>（consumer preference）　―市場における「選択の自由」の1つ
　　　　　❖ Note ❖

③ある消費財を買う（需要する）ことを決める場合、いくらであれば、その財を買おうと思いますか。
　　　　　❖ Note ❖

　そこから手に入れる利益と、支払う代金が釣りあうかどうか、とっさに考えます。
　この利益を「効用（utility）」と呼びます。「満足度」ともいえるものです。

　ある財サービスを需要する場合、需要量を増やすにつれて、1つ1つの効用（限界効用 marginal utility）は徐々に減少していくでしょう。
　　　　　　　　　　　　　　　　　　　　　―限界効用逓減の法則

④効用のこのような変化を、縦軸に効用総量、横軸に財サービスの量をおいて描いてみましょう。
　　　　　❖ Note ❖

⑤以上の③と④から、縦軸に支払ってもよい代金（価格）、横軸に財サービス量を描いて、1単位づつ買い増していくときに、よく知られている<u>需要曲線</u>が描けます。
　　　　　❖ Note ❖

⑥消費者は、そのときの市場の価格まで消費財・サービス量を需要するとき、消費者は最も大きな満足（効用）を手に入れます。図で確認します。

効用の最大化が図られます。
　　　　　❖ Note ❖

⑥需要曲線は右下がりですが、その**傾斜が緩やかなもの**と、**急激なもの**とがあります。そうした**財はどのような性質**をもっていますか。
　　需要の価格弾力性 ＝需要の変化率／価格の変化率
　　需要の変化率　　　＝△D／D
　　価格の変化率　　　＝△P／P
　　　　　❖ Note ❖

⑦財の価格が同じでも、その財の需要が増加する場合があります。まずそのことを需要曲線で描いてください。そうしたことがおこる代表的な事例を3つあげてください。
　　　ⅰ所得の増加　ⅱ代替財価格の変化　ⅲ嗜好の変化
　　　　　❖ Note ❖

　　需要の所得弾力性 ＝需要の変化率／所得の変化率
　　所得の変化率　　　＝△Y／Y

⑧ここで、需要曲線について、**価格の変化による需要の変化**と、**価格は同じでも需要が変化**する場合の区別を**まとめ**ておきましょう。
　　　　　❖ Note ❖

◆市場における需給者が価格の変化と所得の変化によって、経済行動を変化させる道筋が異なることを次のように区別します。
　　価格効果 price effect （**代替効果** substitution effect）
　　所得効果 income effect
　　　　　❖ Note ❖

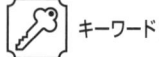

🔑 キーワード　「効用最大化」「価格効果（代替効果）」
　　　　　　　「所得効果」「嗜好の変化」
　　　　　　　「代替財」「上級財と下級財」「必需財・贅沢財」
　　　　　　　「需要の価格弾力性」「需要の所得弾力性」
　　　　　　　「貯蓄率」
　　　　　　　純効用＝総効用－費用
　　　　　　　需要曲線　限界効用
　　　　　　　限界効用逓減

🛠 ツール　「消費選択」「弾力性」

第6回　4月27日（金）

3 「市場の競争」はどんな働きをするのか、また日本においてどんな状況か

［日本経済の主なデータ］
1942 年　食糧管理制度制定
1945 年　国際通貨基金（IMF）
1947 年　独占禁止法　―適用除外産業の代表例　自然的独占
　　　　関税・貿易に関する一般協定（GATT）
1953 年　再販売価格維持制度（独禁法の改正）
1960 年　貿易の自由化方針
1967 年　資本の自由化方針
1969 年　米の生産調整開始（減反政策）・自主流通制度
1972 年　日米繊維協定調印（その後カラーテレビ、自動車などに拡大）
1973 年　大規模小売店舗法（大店法）施行　（2000 年　廃止）
　　　　円の変動相場制への移行
1984 年　電気通信事業自由化。NTT 発足

1989 年　牛肉・オレンジ輸入自由化開始
1995 年　米輸入部分開放
　　　　　GATT を強化する国際貿易機構（WTO）発足

　日本経済の戦中戦後以後 50 年の歩みにおいて、市場に関係したもので目立ったものをあげました。特徴的なことは、市場が拡大し、経済行為が自由におこなわれるように進んできたということです。

◆**市場の自由化**　—市場における競争（需要者・供給者として市場に**自由に参入**し、**退出**する）

　経済学では「**完全競争市場**」という状態を考えることから始めます。

◆**完全競争**とは、個別の需要者・供給者が市場に参入・退出しても、価格には影響がない状態です。

◆個別の需要者・供給者が参入・退出すると、価格に影響を与える場合は**不完全競争**と呼びます。

◆不完全競争には**寡占**・**独占**といったものがあります。
　　　　　寡占　—需要者・供給者が複数で市場を支配する
　　　　　　　　（oligopoly 売手寡占　oligopsony 買手寡占）
　　　　　独占　—需要者・供給者が単独で市場を支配する
　　　　　　　　（monopoly 売手独占　monopsony 買手独占）

　市場の参加者である需要者・供給者は、できたら市場を自己に有利に動かしたいという思いをもち、時にそのように動かすことがあります。これを**市場の支配力**（market **power**）といいます。

　自由競争市場というのは、このような市場の支配力を排除して、市場への参加者が、それぞれ価格と数量によって、自由に需要と供給に参加する需給の力が支配するところです。この需給の力が**市場の力**（market **forces**）として、

市場がその役割を果たしていきます。

📝 エクササイズ

①**新しい財サービス**（新製品など）が市場に登場するメカニズムを考えてみましょう。
需要と供給の両面で検討できます。

```
❖Note❖
_____
_____
_____
_____
```

新製品市場は、それを市場に供給した企業が市場を独占するのではないでしょうか。これは**市場支配力**とどこが違うのでしょうか。
❖ Note ❖

②**競争市場**は、同じ財サービスについて、多数の需要者と供給者が参加している市場です。その場合、その**市場の力**を図で表すと**需給曲線**になります。
ここでは、需要と供給が均衡する価格と数量を示している**需給均衡点**について学びます。

需給均衡点の図を描いてみましょう。
❖ Note ❖

③この需給均衡点はどんな力で異動しますか。需要と供給の両面から考えてください。
❖ Note ❖

④前2回で講義した需要曲線と供給曲線が市場で決まっている価格と交わる点が意味することから、**需給均衡点は経済のどのような状態を意**

味しているかを確認しましょう。

需給曲線を描いて確認します。
❖ Note ❖

⑤消費財の完全競争市場では、**需要曲線**（需要者　　　）と**供給曲線**（供給者　　　）**が交わる**ところで、その経済が**最も効率的な経済状態**であることを確認します。

消費者余剰（効用の余剰）
生産者余剰（利潤）
❖ Note ❖

⑥**最も効率的な状態**とは、ある経済において**消費者が最大満足**（効用）、**生産者が最大利潤**（利潤）を達成し、経済主体が求めている最大限のものを得られる状態です。

　自由競争市場において、その経済がもっている労働・資本・土地といった生産要素をはじめ、その他のあらゆる経済資源を用いて、その経済にとって**最も効率的な生産**をおこなうことを、「**最適資源配分**」といいます。

　それを理解するために、「**生産可能曲線**」を用います。全生産物が2財から成り立っている経済を仮定して、**縦軸をA財の生産量**、**横軸をB財の生産量**を示すとき、その経済が生産可能なA財とB財の組み合わせが「生産可能曲線」です。

○**生産可能曲線**を描きましょう。その曲線上の財の組み合わせのなかで、「**最適資源配分**」の生産物の組み合わせを達成するのが、価格メカニズムです。

　それには、第2回の153頁にすでに示している、**相対価格**と**絶対価格**の違いを理解する必要があります。
❖ Note ❖

しかし市場は完全ではありません。「**市場の失敗**」があります。後にそのことは学びます。

🔑 キーワード　「市場と価格」「貨幣と交換」「競争と市場構造」
「寡占と独占」
「財・サービス市場」
「代替率」「変換率」「生産可能曲線」
「市場の失敗」
「市場の自由化」「規制緩和」

🛠 ツール　　　「市場均衡理論」

［復習1］第7回　5月7日（月）

👤 テーマ3　**いま経済格差が問題になっているとはどういうことか　——家計と消費生活**

経済循環図を用いて、貨幣と交換、市場の価格と所得の分配、企業と家計の関係、政府の役割と所得の再分配、教育と所得分配などを学びます。

第8回　5月11日（金）

1　家計所得はどこから生まれるのか

［日本経済の主なデータ］
1953年　初の国民所得統計公表
1956年　経済白書「もはや戦後ではない」

1960 年　池田内閣、所得倍増計画決定
1968 年　GNP 資本主義国第 2 位に

◆<u>国民所得</u>の計算
　一国全体の生産額は次のように捉えることができます。

<u>国民総生産（GNP）</u> = 総生産額 − 中間生産物額

<u>国内総生産（GDP）</u> = GNP − 海外からの純所得

<u>国民純生産（NNP）</u> = GNP − 減価償却費（資本減耗引き当て額）

<u>国民総支出</u> = 個人消費支出 + 国内総資本形成（民間投資 + 政府投資 + 減価償却）
　　　　　+ 政府消費支出 + 海外純所得

<u>国民所得</u> = 国民純生産 − 間接税 + 価格補助金

　国民所得はそれが生み出され経済循環の過程での同じものの 3 つの側面で見ることができます。これを「<u>国民所得の三面等価</u>」といいます。

<u>生産</u>国民所得 = <u>分配</u>国民所得 = <u>支出</u>国民所得

◆このうち「分配国民所得」が次のような形で、家計に「分配」されます。

<u>分配国民所得</u> = <u>雇用者所得</u> + <u>財産所得</u> + <u>個人業主所得</u> + <u>法人所得</u>

　家計に分配された所得のうち、家計が自由に処分できる所得を「<u>可処分所得</u>（disposable income）」と呼びます。

<u>可処分所得</u> = 各分配国民所得 − 直接税

◆わが国における家計に分配された所得は次のようになっています。

国民所得（分配）　　　　　　　　　　　(%)

年度	雇用者報酬	うち賃金報酬	財産所得	うち家計	企業所得	うち個人企業
1970	54.6	50.0	9.6	8.3	37.4	20.8
1980	66.5	59.0	15.6	12.7	22.6	12.6
1990	66.8	56.9	16.0	12.2	22.8	12.0
2000	73.2	62.1	3.8	5.7	22.9	11.4

①賃金報酬以外は社会保険料など　②財産所得のうち家計分の方が大きいのは政府の支払利子がマイナスのため。

エクササイズ

①以上のように、**家計所得が分配される過程**を、経済循環図を描いて確認しましょう。企業と家計の2つの経済主体が、「**生産要素サービス市場**」において、所得を生み出す状況を詳しくみてください。

　所得分配（income distribution）でいう「**分配**」とは、市場において家計がもつ「生産要素サービス」が市場で需要された対価として、家計に手渡されることをいいます。これは「財・サービス」市場で需要された対価として、企業に手渡される「売上」と同じものです。

❖Note❖
_____
_____
_____
_____

②先の日本における「家計所得」を構成する各所得を、経済循環図で改めて確認しましょう。

　<u>雇用者所得</u>（employer income）―雇用者報酬
　　賃金　―日本型賃金（年功序列）、能力給、パートタイム賃金、アルバイト賃金

財産所得（capital income）
　　利子（預金、債券—国債・地方債・社債・金融債など
　　　　　　　　　　　　　　　　　　……利付債・割引債）
　　配当（株式、投資信託など）
　　　株や土地の値上がり益である**資本利得**（capital gain）は、経済主体にとっては所得でも、一国全体では所得の増加にはならない。

　企業所得
　　個人企業の所得（**個人業主所得**）
　　株式会社の利潤から配当支払の残り（**法人所得**　—経営者の報酬・留保利潤など）
　　　　　　　❖ Note ❖

◆家計所得には、これまでに触れなかった老後に支払われる「**公的年金**」がありますが、これは市場での分配された所得から政府に支払われる**税金や社会保険料**を財源に家計に支払われます。
　社会保険料は、わが国「国民所得」分配の雇用者報酬に含まれていることがわかります。税金については次に学びます。

③これまでの経済循環図では登場しなかった経済主体である「**政府**」を、経済循環図に描き込んで、その取引関係を明らかにしましょう。

　　政府　—（**政府の収入**）財源として各経済主体から**税を徴収**
　　　　　　　　　　　　　　　　……直接税と間接税
　　　　　　　　　　所得税・法人税—直接税、消費税—間接税
　　　　　（**政府の支出**）**公共財・サービスを供給**するため市場から
　　　　　　　　　　　財・サービスと生産要素サービスを購入
　　　　　　　支出の中には各経済主体への**現金の移転**がある
　　　　　　　　　　……家計への生活保護など・企業への補助金など
　　　　　　　❖ Note ❖

④**年金**の財源になる**社会保険料**の支払いを経済循環図に描いてみましょう。

社会保険料 ……年金保険料・健康保険料・介護保険料・雇用保険料
　　　　　　　負担は事業主負担と本人負担にわかれます。
❖ Note ❖

キーワード　「所得分配」「貨幣と交換」「資産所得」「賃金所得」
　　　　　　　相互交換（市場）—「企業と家計」「企業と企業」
　　　　　　　政府活動（非市場）—「政府（公共財）—家計・企業（租税）」

ツール　「市場価格決定理論」「所得分配」

第9回　5月14日（月）

2　所得格差はどうして生じるのか

[日本経済の主なデータ]
『国民生活白書』より

可処分所得のジニ係数

年次	ジニ係数
1955	0.2507
1960	0.2642
1965	0.1837
1970	0.1668
1975	0.1804
1980	0.1677
1985	0.1779
1990	0.1742
1995	0.1712
2000	0.18
2005	0.1905

◆**ジニ係数** ——所得、資産などの格差の指数で、数値は1から0の間をとり、1に近いほど格差は大きことを示す。したがって<u>ジニ係数の上昇は格差の拡大</u>、<u>低下は格差の縮小</u>を示します。

所得格差の原因は、家計に支払われる所得における相違にあります。<u>家計の所得の源泉</u>は、前回みたように、主に<u>雇用者所得（賃金）</u>と<u>財産所得</u>にあります。

そのうち、財産所得は、家計の所有財産から生まれますので、<u>貯蓄（所有財産）の大きさ</u>をみておきます。

全世帯の貯蓄と負債の推移

年 次	年間収入（千円）	貯蓄残高（千円）	負債残高（千円）	貯蓄年収比（%）	負債年収比（%）
1960	453	302	69	79.2	15.3
1970	1,394	1,603	284	115.0	20.4
1980	4,643	5,794	1,772	124.8	38.2
1990	6,773	13,530	3,592	199.8	53.0
1995	7,618	16,035	4,599	210.5	60.4
2000	7,213	17,812	5,382	246.9	74.6
2004	6,500	16,920	5,240	260.3	80.6

この表から、40年間に所得の増加が約15倍に対して、貯蓄は50倍に達していることがわかります。

🖉 エクササイズ

①<u>経済循環図</u>を描いて、<u>所得格差が生まれるメカニズム</u>を確認しましょう。まず労働サービスが市場で売買される場合の、<u>労働サービス価格</u>（これを<u>賃金率</u> wage rate と呼ぶ）<u>が成立する過程</u>を復習します。

　　　同一労働同一賃金（異なる労働は異なる賃金ということになる）
　　　年功序列型か、能力型か

最低賃金法

❖Note❖
_____
_____
_____

◆労働サービス市場における需要と供給の状況が成立する<u>価格の相違</u>を生みだします。

②労働サービス市場は1つではなく、労働内容よってさまざまな市場が成立し、それぞれの<u>市場</u>で<u>価格</u>は<u>相違</u>し、格差を生んでいます。
需要・供給曲線でこのことを学びます。
❖Note❖

③賃金格差は、労働サービス市場の需給状況だけではなく、<u>労働生産性の相違</u>によっても生じます。

<u>労働生産性</u>＝付加価値額／労働者（従業員）数
（従業員数が同じで、付加価値額が大きくなればなるほど、労働の生産性は高くなる）
<u>付加価値額</u>は労働と資本によって新たに生産される所得
❖Note❖

④同様に、<u>財産所得</u>を生み出す資本サービスが売買される市場において、<u>資本サービス価格</u>（利子率など）<u>が成立する過程</u>を復習します。次のような<u>資本供給方法の相違から、価格に格差</u>が生じます。

資本市場では、<u>元本保障の安全性と危険負担の大きさ</u>から、価格格差を大きくし、財産所得は大きく相違します。
さらに市場に供給する<u>資本量の大きさ</u>が、受け取る財産

所得に相違が生じます。

価格×数量＝所得　……**価格差と数量差から所得差**が生じます。

（この点では、労働では数量差は大きくならない）

❖ Note ❖

◆生産要素サービス市場の需給状況に加え、**労働の生産性**、**資本の危険負担**などの相違によって、市場における**所得分配に格差**を生じます。

　このような市場における所得分配を「**機能的分配**（functional distribution）」と呼び、所得格差が生みだされます。

　家計の個々人からみた所得分配を「**人的分配**（personal distribution）」と呼び、人的分配からみれば、**機能的分配による所得格差**は貧富を生みだし、重要な社会的問題です。

　しかし、機能的分配による格差は、市場の競争を生みだし、**所得増加へのインセンティブ**になっており、**市場経済活性化**の源泉です。

◆**賃金格差**には、わが国の置かれているさまざまな労働サービス市場の状況から、是正しがたい問題が指摘されています。

　　　　　　大企業と中小零細企業の賃金差

　　　　　　学歴社会による労働条件の相違

　　　　　　能力差（生来や教育による）

◆資本市場では、今や資本は国内だけでなく外国への供給というグローバル化されており、**資本サービス価格差は国際的なレベル**で生じています。家計がこのような市場へ参画するかどうかでも所得差が生じます。

◆<u>私有財産制</u>のもとでは、財産は<u>遺産として継承</u>されるために、財産所有の格差は本人が貯蓄したものだけでなく、継承財産(「初期賦存量」)の相違からも生じます。

🔑 キーワード　「機能的分配」「人的分配」「ジニ係数」
　　　　　　　「市場と価格」　―賃金率
　　　　　　　　　　　　　　　利子率
　　　　　　　　　　　　　　　賃貸率
　　　　　　　「分配所得」－「消費」＝「貯蓄」(資産形成)
　　　　　　　「資産保有格差」　―資産所得
　　　　　　　「個人所得と法人所得」
　　　　　　　「国内所得と外国所得」
　　　　　　　「学歴」「教育の経済効果」

🛠 ツール　「初期賦存」「所得分配」

第10回　5月18日(金)

3　所得格差の緩和の方法は何だろうか

　［日本経済の主なデータ］
　　1944年　厚生年金保険開始
　　1946年　日本国憲法発布、生活保護法制定(1950年　改定)
　　1947年　労働者災害補償法、失業保険法(1974年　雇用保険法に移行)
　　1958年　国民健康保険法(国民皆保険)
　　1959年　国民年金法(国民皆年金)
　　1971年　児童手当法
　　1973年　老人医療費無料化
　　1974年　年金の物価スライド制

1982 年　老人保健法（医療費一部負担、1986 年　改正・自己負担増）
1985 年　年金制度一本化（基礎年金と付加年金、基礎年金が皆年金の対象）
2000 年　介護保険制度開始

◆戦後の 60 年における経済生活の目ざましい進展は、高度経済成長の経験によって、全体の生活水準が引き上げられたことです。それは同時に、生活水準の上昇に取り残されていく家計に対して、<u>国民全体で支援する体制</u>がつくられていきます。上のデータは、この体制が政府によって展開される過程を簡単に示しています。

◆日本国憲法第 25 条第 1 項「すべての国民は、健康で文化的な最低限の生活を営む権利を有する。」

◆政府が<u>家計への経済支援</u>には、<u>現金給付</u>と<u>サービス供給</u>からなっており、前者を<u>移転支払</u>（transfer payment、<u>トランスファー</u>）、後者を<u>現物給付</u>と呼びます。

　<u>政府の経済支援</u>には、<u>所得格差を是正</u>することが明確なものと、一定の条件のもとで<u>所得に関係ないもの</u>とにわかれますが、ほとんどのものは所得格差是正策として考えられています。

◆政府の経済支援の中心にあるのは、<u>国民皆保険・皆年金制度</u>で支えられる<u>長期保険の</u>「<u>年金</u>」と<u>短期保険の</u>「<u>健康保険</u>」で、最近「<u>介護保険</u>」が加わりました。これらは、所得格差を是正するというより、健康・疾病と老後の生活を<u>国民全体で相互扶助</u>しようというものです。しかし、年金などは老後に所得を失うことに伴う所得格差是正の側面をもっているといえます。

◆<u>現物給付</u>も、無料や低料金によって政府から給付されるには、当人の所得に制限条件がついている場合がほとんどです。その現物給付を除いた<u>現金給付の先進国比較</u>は次のようになります。

現物社会移転以外の社会給付（年金・失業給付等）　　（％）

	日　本	アメリカ	イギリス	ドイツ	フランス	スウェーデン
政府最終消費支出	15.4	15.6	19.5	19.3	23.6	27.2
	18.0	15.6	21.2	18.4	23.9	27.7
（うち人件費）	6.3	10.6	10.8	8.7	13.6	16.7
	6.4	10.2	10.3	7.5	13.5	16.5
一般政府総固定資本形成	6.1	2.3	2.2	2.2	3.2	4.0
	3.7	2.6	1.4	1.4	3.2	3.1
社会給付	8.7	11.6	15.4	17.6	17.9	20.6
（年金・失業給付等）	11.3	12.0	13.4	19.1	17.7	18.0
その他	6.4	7.5	7.9	9.2	9.7	16.0
	4.0	6.5	7.5	8.2	8.7	8.4
一般政府総支出（合計）	36.5	37.0	45.0	48.3	54.4	67.7
	36.9	36.7	43.9	47.0	53.5	57.3

上段：日 1996; 米 1994; 英 1995; 独 1995; 仏 1995; ス 1995
下段：日 2004; 米 2003; 英 2004; 独 2004; 仏 2004; ス 2004

◆**所得格差を是正するもう1つの方法**は、市場で受け取った所得から、政府が課税することによって可処分所得を引き下げますが、その場合に、**所得格差を少なくする形で課税**することです。

　[第8回の講義]　**可処分所得＝分配所得－直接税**

　直接税には所得税、法人税などがありますが、特に**累進所得税**が格差是正に有効です。

　租税負担と所得の関係から、3つの負担関係があります。
　　累進性　―所得の増加とともに所得増加の割合以上に税負担割合が増加
　　　　　　　代表例：**所得税**
　　比例性　―所得の増加割合と税負担の増加割合が同じ
　　逆進性　―所得の増加割合より税負担割合が小さい
　　　　　　　代表例：**消費税**

◆以上の**政府支出と税負担**を組み合わせて、市場で生じる所得格差を是正するのが基本です。

(これを財政による「**所得再分配**(income redistribution)」の働きと呼びます)

<u>**可処分所得**＝稼得所得－**所得税**＋**移転支払**</u>

以上に加えて**現物給付**が可処分所得に加えられ、所得格差はある程度是正されます。

◆政府は、直接的な所得再分配の他に、所得格差を是正する**間接的な方法**をもっています。

教育・再教育・職業訓練などの政府の支援　―**能力開発、職業転換**
富裕者の財産継承時に所有財産に対して　―**相続税・贈与税**の課税

政府による**特定産業保護・輸入制限・輸出振興**
　　　　　　　　　　―農業初め保護産業の従事者の所得保障

エクササイズ

① 縦軸に税負担率（＝税額／所得額）、横軸に所得額をおいて、**税の累進性、比例性、逆進性**を示す税と所得の負担関係を描いてください。稼得所得の格差が、税引き後の可処分所得によって、格差が是正される経緯を確認しましょう。

❖Note❖

② 所得分配においてどの程度の格差があるかを測るために、前回に**ジニ係数**を示しました。このジニ係数の計算は、**ローレンツ曲線**から導き出されます。描いてみましょう。

縦軸に国民所得全体に占める所得額のパーセント（**所得金額累積百分率**）が示され、横軸に低所得層から高所得層へ個別家計を並べ、家計総数に占めるパーセント（**人員累積百分率**）が示されます。そうしますと、**45度線**はすべての家計が同額の所得を得ている所得分配の完全平等の状態を意味しており、**均等分布線**と呼ばれます。

この正方形に現実の所得分布線を描き、所得再分配によって再分配所得分布線を描きますと、再分配の効果が視角的に示されます。45度線に近づくほど格差が少なくなります。これらを**ローレンツ曲線**と呼びます。

❖ Note ❖

◆ローレンツ曲線で示される所得平等度を数量的に把握するために、**均等分布線とローレンツ曲線の間の面積が均等分布線より下の三角形の面積に占める割合**を計算することによって得られます。これが**ジニ係数**です。したがって、再分配によってローレンツ曲線の変化が、ジニ係数が小さくなることによって、**再分配効果**を数量的に捉えられます。

③所得再分配を**現金給付**でおこなう場合と、**現物給付**によっておこなう場合に、再分配にどんな違った効果があるか考えてください。
　［ヒント］現金は**消費選択の自由**が支給された側にあるのに対して、現物は給付されるものに選択権をもちません。

❖ Note ❖

④わが国では、明治時代からの「**学校教育**」が所得水準の引き上げ、結果的には間接的に所得再分配効果を持ったことを、改めて確認してください。

❖ Note ❖

⑤所得保障のために**特定産業保護がもっている問題点**を示してください。

❖ Note ❖

🔑 キーワード　「社会保障」「社会福祉」「税制」「社会保険」「生活保護」
　　　　　　　「産業保護」——産業規制
　　　　　　　「教育」「職業訓練」
　　　　　　　「輸入制限」「輸出振興」——貿易障壁　国際収支　為替レート

🔧 ツール　　　「所得分配」「財政政策」

[復習2] 第11回　5月21日（月）

テーマ4　日本の産業構造はどのように変化してきたのか
　　　　　——産業と企業の変化

　経済発展の仕組み、産業構造の変化と技術、生産性と費用削減、経済成長と付加価値生産、比較優位、貿易障壁、国際収支、為替レートなどを学びます。

第12回　5月25日（金）

1　日本の産業構造の変化とは

［日本経済の主なデータ］

国勢調査による産業別就業者　　　　　　（万人　%）

年	就業者総数	第1次	第2次	第3次
1950	3603	48.5	21.8	29.7
1960	4404	32.7 (13.1)	29.1 (41.7)	38.2 (45.2)
1970	5259	19.3 (6.1)	34.0 (44.5)	46.6 (49.4)
1980	5581	10.9 (3.6)	33.6 (38.0)	55.4 (58.4)
1990	6168	7.1 (2.5)	33.3 (36.8)	59.0 (60.7)
2000	6298	5.0 (1.8)	29.5 (29.7)	64.3 (68.5)

（　）は国内総生産の産業別割合

◆各種産業の組み合わせの状態を、「産業構造」と呼んでいます。産業全体を、第1次産業、第2産業、第3次産業にわけた、コーリン・クラークものが古くから最も有名です。

その指標として、各産業毎の総生産額、従業人口、その所得額、使用資本量などを用いますが、ここでは、上記のような各産業が占める就業者と国内総生産における割合によって、過去60年の産業構造の変化を概観します。

◆第1次産業　　―農業・牧畜業・水産業・林業・狩猟業など、農林・水産業を中心とした採取産業
　第2次産業　　―鉱業・製造工業・建築土木・ガス電気・水道業など、製造工業を中心とした加工業（ただ、鉱業を第1次産業、ガス・電気・水道業として第3次産業に含まれることもある）
　第3次産業　　―上記以外のあらゆる非物質的生産物を生産する商業・運輸通信・金融・公務・有給の家事サービスなどのサービス産業

🖉 エクササイズ

①先の表から読みとれる、わが国の産業構造の変化を確認してください。

❖Note❖
_____
_____
_____
_____

◆近年の産業構造の変化をもたらし、ひいては生産の高付加価値化をもたらす要因として、第3次産業に属するIT産業の急速な拡大をあげることができます。

そのことを確認するために、「インターネット普及率」をあげてみました。短期間に驚くほど普及したことがわかります。そのためには、

インターネットに対応することができる、以下に記されるような電子機器の普及が前提となります。

インターネット普及率（各年末現在）　　　　（%　万人）

	人口普及率	利用者数	世帯普及率	事業所普及率	企業普及率
1997	9.2	1,155	6.4	12.3	68.2
1999	21.4	2,706	19.1	31.8	88.6
2001	44.0	5,593	60.5	68.0	97.6
2003	60.6	7,730	88.1	82.6	98.2
2005	66.8	8,529	87.0	85.7	99.1

インターネットはパソコン、携帯電話、PHS、携帯情報端末、ゲーム機、TV器機等のうち、1つ以上の器機から利用しているもの。
事業所は常勤雇用者5人以上、企業は常勤雇用者100人以上のもの。
人口普及率は1999年までは15～69歳、2001年以降は5歳以上。

②<u>インターネットの普及</u>が、企業や家計の従来のあり方に大きな変化をもたらしていますし、これからも大きな変化をもたらすと予想されています。
　　あなたが思いつく変化を、できるだけ多くあげてください。
❖ Note ❖

③<u>第1次産業の特徴</u>は何でしょうか。
［ヒント］今日も第1次産業が中心である<u>開発途上国</u>を考えてみてください。3つの生産要素のうち、<u>土地と労働</u>に依存しており、<u>自然環境条件</u>を指摘できます。
❖ Note ❖

④農業・牧畜業・水産業など<u>第1次産業</u>では、<u>先進国</u>と<u>開発途上国</u>では、どのような違いがあるでしょうか。
［ヒント］<u>生産規模</u>と<u>生産性</u>の相違
❖ Note ❖

⑤-1　<u>第2次産業</u>が、まず<u>西欧先進国</u>から発達し、やがて世界的規模で拡大しました。それはなぜでしょうか。
　　［ヒント］<u>資本蓄積、技術開発</u>
　　　　　　❖ Note ❖

⑤-2　経済発展の段階で、<u>第2次産業</u>、特に<u>製造業</u>のうちにどのような産業から始まっていくでしょうか。
　　［ヒント］生産要素のうち、その国で安価で多く利用できるものを使うことから始まる。
　　　　　「<u>労働集約</u>」　　「<u>資本集約</u>」
　　　　　　❖ Note ❖

⑥<u>第3次産業の特徴</u>としてどのようなことをあげることができるでしょうか。
　　［ヒント］代表的な産業である「<u>商業</u>」を思い浮かべて考える。
　　　　　　❖ Note ❖

⑦わが国では、3つの産業のうち、<u>第2次産業</u>はグローバル化のなかで時にリーダーとして競争経済で活動しているのに対して、<u>第1次、第3次産業</u>では、遅れをとっている産業があります。
　　どうしてこのような違いが生じたのでしょうか。
　　［ヒント］「<u>産業保護</u>」、「<u>企業規模</u>」、「<u>規模の経済</u>」「<u>グローバル化</u>」
　　　　　　❖ Note ❖

⑧わが国は<u>産業用「ロボット」</u>の作成と利用を幅広く展開してきました。さまざまな「ロボット」がありますが、どんなものがあるかイメージできますか。また、「<u>ロボット」の特徴</u>は何でしょうか。さらに、<u>ロボットの利害得失</u>について考えてみてください。
　　　　　　❖ Note ❖

⑨産業の発展には<u>エネルギー</u>が重要な役割を果たしてきました。エネルギーはまた、われわれの日常生活の基盤を築くものでもあります。エ

ネルギーはどのように変化してきましたか。

❖ Note ❖

🔑 キーワード　「第一次、第二次、第三次産業」「産業のグローバル化」
「中小企業」「大企業」「巨大企業」「グローバル企業」
「企業形態の変化」「生産性」「費用削減」
「産業構造の転換」「エネルギーの変化」
「規模の経済」

🛠 ツール　　　「経済発展論」

第 13 回　5 月 28 日（月）

2　産業の転換はどのようにしておこるのか

［日本経済の主なデータ］
　1961 年　１次エネルギー供給で、はじめて石油が石炭を上回る
　　　　　（エネルギー革命）
　1967 年　「公害対策基本法」制定
　1966 年　原子力初の営業運転開始
　1970 年代前半から「ベンチャービジネス」登場、IC（集積回路）の普及
　1973 年　第１次オイルショック
　1978 年　第２次オイルショック
　1980 年代に入ると「情報」「ロボット」「新素材」「バイオ」「新エネルギー」
　　　　　などの開発が積極的におこなわれる
　1987 年　チュルノブイリ原発事故（原子力利用への警告）
　1992 年　原子力発電量が火力発電量を抜く
　1992 年　「地球サミット」（リオデジャネイロ）「気候変動枠組み条約」採択
　1993 年　「環境基本法」制定

1997年　国連「京都議定書」で温室効果ガス排出量を規制

◆簡単な年表から、「産業転換」をもたらした幾つかの事件があることがわかります。
エネルギー転換とオイルショック、公害防止などの環境保全、ICの登場と産業のIT（情報技術）化……産業の情報化、ロボットの進化など

◆過去50年における第2次産業内の工業（製造業）の転換状況をみると、次のようになっています。

工業の産業別構成の推移　　　（出荷額による％）

年　次	金　属	機　械	化　学	食料品	繊　維	その他
1955	17.4	14.9	13.2	17.3	17.5	19.7
1960	19.0	25.1	12.0	12.0	12.3	19.6
1970	19.3	32.3	10.6	10.4	7.7	19.7
1980	17.1	31.8	15.5	10.5	5.2	19.9
1988	13.6	41.4	9.8	7.7	4.4	23.1
2003	11.3	46.4	12.1	8.3	1.8	20.1

目立っているのは「繊維工業」の衰退です。
次に、「機械工業」が製造業出荷額全体の半分ちかくに増加して主力産業になり、他の産業は相対的に低下しています。

「機械工業」では、一般機械器具（金属加工機械、事務・家庭用器機）、電気機械器具（電気回路用品、家庭用電気機械、通信機器、電子計算機、集積回路）、輸送用機械器具（自動車、船舶）、精密機械器具などが製造されています。
「金属工業」　　―鉄鋼業、非鉄金属製造業、金属製品製造業
「化学工業」　　―化学肥料、無機化学工業、有機化学工業、化学繊維、医薬品
「食料品工業」　―畜産食料品製造業、水産食料品製造業、パン・菓子製造業、酒類製造業
「繊維工業」　　―紡績業、織物業、染色整理業、繊維製品製造業
「その他工業」　―紙パルプ工業、ゴム製品製造業、窯業・土石製品製造業

◆第3次産業について、各業種の従業員数の増加と変化によって、産業転換を

みます。戦後期の<u>第3次産業</u>では、新しい業種が次々に生みだされてきました。

第3次産業の従業者数の推移　　　（単位：万人）

	計	電気ガス水道	運輸通信	卸小売飲食	金融保険	不動産	サービス	公務
1954	1,087	20	164	496	68	5	334	
1960	1,435	21	218	680	79	10	428	
1972	2,609	28	313	1,172	142	40	760	155
1981	3,324	32	340	1,490	171	63	1,055	174
1991	4,030	31	368	1,691	208	92	1,461	178
2001	4,379	32	376	1,761	166	92	1,764	189

◆現在、前回の講義でみたように、日本では従業者の約65％とGDPの約70％弱を<u>第3次産業</u>が占めており、<u>経済のソフト化</u>が顕著です。特に、1980年代からモノに満足し始めた人びとが<u>より高い付加価値のサービス</u>を求めるようになり、多くのサービス業が成長しました。

　　代表的なものが、<u>警備保障業</u>や<u>情報関連サービス業</u>などです。

◆小売販売業・外食産業の展開
  ・1970年　<u>ファミリーレストラン</u>出店
  ・1971年　マクドナルド1号店出店
  ・1972年　ダイエーが売上高で三越を抜いて小売業のトップになる。
　　　　　　（第6回授業レジュメ　1973年　中小小売業を保護する目的で「<u>大規模小売店舗法</u>」制定 2000年廃止）
  ・1974年　<u>コンビニエンス・ストア</u>誕生（セブン-イレブン1号店）
　　　　　　　― POS（point of sale 販売時情報管理）システム構築
  ・1997年　ヤオハン・ジャパン倒産
  ・2000年　そごう経営破綻
  ・2001年　セブン-イレブンがイトーヨーカ堂を抜いて小売販売業売上トップになる。
  ・2004年　ダイエーが産業再生機構に支援要請（丸紅の傘下）

エクササイズ

①**産業の転換**をもたらす大きな要素は、次のような**生産要素における2つの変化**です。

　　　経済成長による**賃金率の上昇**（労働価格の上昇）
　　　資本量の増加による**利子率の低下**（資本価格の低下）

この変化はどのように産業転換をもたらしましたか。

キーワード　　**労働集約、資本集約、技術革新**

❖Note❖

②産業転換によって、産業が**斜陽化**（あるいは**衰退**）したり、**成長した**りします。それはその産業が生産する財サービスの**需要が減少する場合**、**代替財サービスが出現する場合**、**財サービスの質的変化がおこる場合**、**新しい財サービスを生み出す場合**などがあります。
以下の産業の例示によって、そのことを考えましょう。

キーワード　　**高付加価値化・高品質化**
　　　　　　　　エネルギー転換、知識産業（技術・特許）

農業（農産物生産産業）　　　　　❖ Note ❖
繊維産業
工作機械産業
自動車産業
鉄道輸送産業、道路輸送産業

外食産業
小売販売業

③近年「ニッチ産業」といわれる業種が数多く生まれています。
　人材派遣、サラリーマン金融、住宅リホームなどがあげられます。「隙間（niche）」にある事業の特徴は何でしょうか。どんな事業がニッチ産業といわれているか調べましょう。
❖ Note ❖

④第3次産業には、新しい産業が次々に誕生しており、生産額も従業員数も増加しています。「ニッチ産業」も多くは第3次産業に属します。これが「脱工業化（情報化）」への道を歩ませます。

○これには市場における潜在的な需要を掘り起こし、新しく起業して供給する産業が生みだされることによります。どんな産業があるか考えてみましょう。
❖ Note ❖

⑤ロボット利用やオートメーション化と同時に、IT化はコスト削減や生産効率の引き上げ、高品質化に貢献しています。これが産業転換をもたらし、市場に新たな需要をもたらしています。
　このことを市場における需要・供給曲線によって確認しましょう。
❖ Note ❖

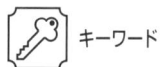

🔑 キーワード　「市場と競争」「資本集約」「労働集約」「技術」「高付加価値」「エネルギー転換」「産業と企業」「企業の多角化・専門化」「知識産業」「高度工業社会」「脱工業化社会」「ニッチ産業」

🛠 ツール　　　「経済成長論」「高付加価値化」

第14回　6月1日（金）

3　国際競争が日本産業に与える影響はどんなものか

[日本経済の主なデータ]
1949年　為替レート1ドル＝360円に決定
1952年　IMF加盟
1955年　GATT加盟
1960年　貿易の自由化方針決定
1960年　資本の自由化方針決定（1973年　資本の自由化ほぼ完了）
1964年　OECD加盟
　　　　（輸出品が繊維製品や陶磁器などの軽工業から、鉄鋼、自動車、
　　　　船舶、事務機械など重工業へ移行）
1973年　円の変動為替相場制への移行
1973～5年、1979・80年　輸入超過
　　　　（半導体、コンピュータなどの事務機械、自動車などの高付加価
　　　　値製品輸出へさらに移行）

◆産業転換の重要な契機は、経済社会が**国際化**し、各国が**貿易・資本の自由化の体制**をとることにあります。

　上記の年表で見ればわかりますが、戦後15年後には自由化に踏み切って国際経済に復帰しはじめます。

◆経済の国際化には、通貨の国際的な流通によって、財サービスの**輸出入の決済**を可能にする必要があります。

　▶20世紀の第1次世界大戦まで、国内通貨の**金本位制度**にもとづいて、この決済には「金」の輸送によっておこなっていました。大戦終了後、各国は金本位制への復帰を試み、わが国も1929年に復帰するものの、先進国が金本位制を離脱しており、2年後の1931年に金本位制を停止し、そうした体制で第2次大戦に突入します。

▶第2次大戦後、各国間の通貨交換比率を「**為替レート**」として決め、各国通貨の交換により、貿易を再開（1ドル＝360円の**固定為替レート**）しました。わが国における外国への輸出の決済にはドルで受け取り、日銀で円に交換し、国内の取引に用います。輸入では、円をドルに交換して外国業者に支払います。わが国の輸出が輸入を超過しますと、ドルが貯め込まれ、**ドル保有量**が増え、逆になれば減少します。

1971年に固定為替レートは変更され（円切り上げ）、1973年**変動為替レート**に移行し今日に至っています。輸出超過になるとドル保有量が増加し、ドルと円との交換比率は**円高**となり、逆になると**円安**になり、**輸出入が調節**されます。

◆ 1990年代に入ると、日米構造協議のように、それまでの**貿易摩擦**に個別に対応することから、**円高**を背景に、「**市場の力**」によってアジア地域を中心に**製造業の海外移転**がおこりました。

このような動向のなかで、ここ10数年のわが国における**国際収支の状況**は、次のようになっています。

国際収支状況（IMF方式）　　　（単位：10億円）

年次	経常収支	貿易収支	サービス収支	所得収支	経常移転収支	資本収支
1990	6,474	10,053	-6,190	3,287	-677	-4,868
1995	10,386	12,345	-5,390	4,157	-725	-6,275
2000	12,876	12,563	-5,134	6,505	-1,060	-9,423
2001	10,652	8,527	-5,315	8,401	-960	-6,173
2002	14,140	11,733	-5,264	8,267	-596	-8,478
2003	15,767	12,260	-3,904	8,281	-870	7,734
2004	18,618	14,298	-4,102	9,273	-851	1,737

貿易収支：商品、サービス収支：輸送・旅行・金融・特許等使用料など
所得収支：所得、資本収支：直接投資・証券投資など

✏️ エクササイズ

①需要と供給が国内だけの市場から、他国の需要と供給が参入可能な<u>自由貿易</u>による国際市場へと拡大し、財サービスの貿易がおこるのは、「<u>比較優位</u>」の財サービスに各国が<u>特化</u>することによって、貿易の両国に経済的利益をもたらすからです。このことを「<u>国際分業</u>」と呼び、理論的に明らかにしたのが、19世紀初頭のイギリスの経済学者 D. リカードで、「<u>比較生産費理論</u>」といわれています。このことを学びます。

◆二つの場合を考えてみます。

(1) 一方の国が他方の国と比較して、特定の財について<u>優位性</u>をもっている場合［ジャガイモの生産が得意であるが牛肉の生産が不得意な A 国と、牛肉の生産が得意であるがジャガイモの生産が不得意な B 国がある場合］。

　A 国はジャガイモに関して B 国より少ない費用で<u>生産が可能</u>（<u>生産費の比較</u>）であり、逆に B 国は牛肉に関して A 国より少ない費用で<u>生産が可能</u>なことから、それぞれ「<u>絶対優位</u>」の財に<u>生産を特化</u>して、財を交換することで、両国とも<u>経済的余剰</u>を大きくすることができます。それぞれの国が、すべての資源を得意な財に生産を集中することで、2 財を両国で生産するよりも、より大きな総生産を可能にし、交換によって両国とも有利になるということです。

(2) (1) の場合に貿易がおこる理由は簡単に理解できますが、問題は一方の国が先の例で 2 財とも他方の国より優位である場合です。一見、<u>2 財とも「絶対優位」</u>の国には、貿易をする利益がないように思えますが、その場合にも<u>貿易の利益</u>があります［ジャガイモも牛肉も B 国と比較して得意な A 国と、ジャガイモも牛肉も A 国と比較して不得意な B 国の場合］。

　(a) A 国と B 国が貿易をしないで、それぞれジャガイモと牛肉に資

源をわけて生産する状況を、生産可能曲線で描いてみましょう。

A国はジャガイモ24単位、牛肉12単位を生産し、B国はジャガイモ16単位、牛肉4単位を生産するのが最適である事例を図で描きます。

❖Note❖

(b) 貿易をすることで、それぞれ「比較優位」に特化することで、両国とも (a) の場合より、同じ生産可能曲線を用いて、ジャガイモと牛肉のより大きな消費機会を確保することを描きましょう。

B国は、ジャガイモを12単位減らし、牛肉を18単位に増やし、A国へ牛肉5単位輸出し、ジャガイモを15単位輸入することで、ジャガイモ3単位、牛肉1単位の消費機会を増やすことができます。

A国は、牛肉の生産を止め、ジャガイモに特化して32単位生産して、B国にジャガイモ15単位輸出し、牛肉5単位輸入することで、ジャガイモ1単位、牛肉1単位の消費機会を増やすことができます。

❖ Note ❖

② 国際貿易によって経済的余剰は増加します。国際貿易がないときの経済的余剰がどのように変化するか学びます。

(a) 国際貿易のない時の経済的余剰
❖ Note ❖

(b) 輸出国の国際貿易による経済的余剰の変化
❖ Note ❖

(c) 輸入国の国際貿易による経済余剰の変化
❖ Note ❖

③わが国の**サービス収支が大幅の赤字**になっている点について、「**比較優位**」の論理でどのように説明できるでしょうか。

❖ Note ❖

④国を超えての企業合併・買収（M&A）、海外投資などの**資本移動**の結果、国際収支のうちの**所得収支**としてあらわされることを確認しましょう。

❖ Note ❖

キーワード　「比較優位」「国際分業」「貿易」「企業の海外立地」「海外投資」「企業合併・買収」（「M&A（merger and acquisition）」）「資本移動」「労働移動」「海外進出」

ツール　「比較生産費理論」

テーマ5　日本経済に財政と金融はどのような役割をしているのか　—政府と金融機関の働き

経済成長と景気変動、経済安定、景気の価格調整と数量調整、金融の働きと金融市場、金利の決定、財政政策と金融政策、市場の失敗などを学びます。

第15回　6月4日（18日）（月）

1　政府は経済においてどんな働きをしますか

[日本経済の主なデータ]
はじめに、**政府**がわが国の経済の中でどのような**規模と内容**をもっているか

を確認します。

政府規模と**政府活動の内容**を次の統計から確認しましょう。

まず、政府活動は大きく3つの部門からなっています。
（ⅰ）**政府最終消費支出**…公共財サービスの供給
（ⅱ）**公的総固定資本形成**…政府の投資（資本形成）による社会資本の形成
（ⅲ）**政府移転支出による社会給付**…年金、失業保険、生活保護などの現金給付（第10回講義）

政府部門の規模を知るためには、以上の政府支出による生産額が、GDPに占める割合をみることです。ただし、（ⅲ）の社会給付は政府収入による現金の移転ですから、GDP計算に入りませんから、（ⅰ）と（ⅱ）の割合を合計することによって明らかになります。

政府支出の規模は、ここでは計算しませんが、（ⅰ）＋（ⅱ）＋（ⅲ）であることは確認しておきます。

表の右の欄外に、（ⅰ）と（ⅱ）の割合の合計を書き込んでください。

政府部門の規模　　（単位：10億円　％）

年度	国内総生産	政府最終消費支出	公的総固定資本形成
1960	16,681	7.9	7.0
1970	75,299	7.5	8.2
1980	246,266	13.5	9.5
1990	449,997	12.9	6.5
2000	502,783	17.0	6.8

❖ Note ❖

上記のGDPは、インフレーションを加味した**名目**での**GDP**ですが、それに占める**政府規模**ですので、過去10年毎の割合の比較には意味があります。しかし、過去10年毎の**GDP増加率**を計算するためには、インフレ分を除いた**実質GDP**に直す必要があります。

○政府規模の拡大の特徴を確認しておきましょう。

◆政府規模を決める政府支出の**財源**は、大きくは**租税と国債**です。**国債**は**将来の税金**を担保に借り入れるもので、そのために将来の税金で借金を返済するまで、**利子**を支払い続けます。**国債残高**がある限り、政府支出の中には、国債の**償還金と国債利子からなる「国債費」**が支出されます。

現在のわが国の財政に関する重要かつ深刻なテーマは、**国債依存度**、**国債残高**、**国債費の規模**をみることによって、**国債問題**であることがわかります。

○**国債問題**がいかに深刻であるかを、次の表で確認してください。

国債発行の推移　　　　　　　　　　(%)

年度	国債依存度	国債残高／GDP	国債費／一般会計
1966	14.9	2.2	1.1
1970	4.2	3.7	3.7
1980	32.6	28.6	12.5
1990	10.6	37.0	21.6
2000	36.9	73.1	25.8
2005	38.6	106.5	22.4

国債依存度＝国債発行額／一般会計歳出額

[ヒント] 1966年は、戦後国債が発行されはじめた年で、1970年頃までは国債の発行は、それほど大きなものではないこと確認し、いつごろから**国債発行は大量化**したかを確認してください。

❖Note❖

◆**租税負担**の過去からの状況を明らかにします。

租税負担率　　　　　　（単位：10 億円　%）

年度	国民所得	国税負担率	地方税負担率	租税負担率計
1950	3,381	16.9	5.6	22.4
1960	13,496	13.3	5.5	18.9
1970	61,029	12.7	6.1	18.9
1980	199,590	14.2	8.0	22.2
1990	348,345	18.0	9.6	27.6
1995	374,247	18.0	9.0	23.7
2000	378,392	13.9	9.4	23.3
2004	365,700	12.1	9.0	21.1

○国債発行状況の前の表と、上記の表とを比較することで、わが国の政府支出はある時期から、政府支出は増加するにもかかわらず、かなりの部分は租税の引き上げを抑え、国債に依存してきた状況を確認してください。

エクササイズ

①経済循環図に、経済主体である家計、企業に加え、「政府」を書き込んで政府の経済活動を明らかにしてください。すでに第 8 回で学んだことをここでもう一度確認してください。

　　そこから、政府の経済活動が「資源の配分」「所得の再分配」「景気調整」の働きをもっていることを学びます。

❖ Note ❖

②経済循環図から、政府による「市場」を通さない活動が、経済活動だけではなく国民生活にいかに不可欠かを学びます。これは①で政府の働きの中心的なものとして指摘された「資源の配分」ということになります。

キーワード

「市場の失敗」　—市場では解決できないか、できるとしても不完全な場合がある。
「公共財」　—政府が供給される財サービスで、市場で供給されるのは「私的財」。

❖ Note ❖

④公共財サービスを供給するために、税金が徴収されることになっていますが、<u>国債を発行して後年度の税負担でまかなってよい場合</u>があります。

　それが「<u>世代間の負担公平</u>」が求められる場合であって、政府支出が「支出」時に公共財サービスを供給するのに対して、公共財サービスが後年度にも持続する場合がこれにあたります。

　これが「<u>建設国債</u>」が発行される理由です。

❖ Note ❖

⑤政府は、<u>国（中央政府）</u>と<u>地方自治体（地方政府）</u>で財政活動をします。簡単にその仕組みを学習しておきます。

<u>国</u>　―国会、行政（内閣、省庁）、司法（裁判所、検察庁は法務行政）
<u>都道府県</u>
<u>市町村</u>

　国、地方は、それぞれ公共財サービスを役割分担して供給していますが、<u>規制、監督、調整といった法制による行政サービス</u>もその中に含まれます。

⑥<u>政府規模は、経済全体の働きに影響</u>を与えます。1つは、政府規模が大きくなるということは、<u>民間活動をそれだけ抑制</u>することになり、市場の活力を殺ぐという問題をもちます。その反面、政府活動規模の大きさは、市場活動が停滞する不況期には、<u>市場における総需要を押し上げるのに貢献</u>します。ここから、政府規模に関して「<u>大きな政府</u>」と「<u>小さい政府</u>」の選択問題があります。

❖ Note ❖

🔑 キーワード　「政府の役割」「市場の失敗」「公共財」「所得再分配」「景気調整」
　　　　　　　「国（中央政府）」「地方自治体（地方政府）」

「価格統制」「公正取引」「競争条件」
「財政政策」「数量調整」「ケインズ政策」
「租税」「国債（公債）」
「大きな政府」「小さな政府」
「夜警国家」「福祉国家」

ツール　　「市場の失敗」

第16回　6月8日（22日）（金）

2　金融の働きはどんな働きか

[日本経済の主なデータ]

　はじめに、<u>金融市場の需要・供給状況</u>がよくわかる「<u>利子率</u>」がここ50年あまりでどのように変化してきたかをみます。

主要金利の推移　　　　　　　　　(%)

年	公定歩合	貸出金利	預金金利
1950	5.11　(5.11)	14.6　(13.88)	4.40　(2.76)
1960	7.30　(6.94)	8.08　(8.08)	5.50　(3.96)
1970	6.25　(6.00)	7.76　(7.53)	5.00　(3.60)
1980	9.00　(6.25)	8.243　(8.397)	6.25　(4.08)
1990	6.00　(4.25)	7.664　(8.098)	5.33　(3.48)
1995	1.75　(0.50)	2.982　(2.234)	1.081　(0.25)
2000	0.50　(0.50)	2.221　(2.034)	0.071　(0.12)
2004	0.10　(0.10)	1.793　(1.974)	0.080　(0.005)

公定歩合：前は最高、（　）は最低
貸出金利：前は貸付金、（　）は割引手形
預金金利：前は定期預金（6ヵ月）、（　）は郵便貯金（通常）

　表からわかることは、1990年代に入ると、日本の金融状況が一変したことです。

◆ <u>利子率が1990年代に一変した</u>ことの背景には、80年代から90年代にかけて国民の資産が急増しており、その <u>60％以上が金融資産</u>によって保有されていたことがあります。

国民の金融資産（各年末） （単位：億円）

	総資産	金融資産	貸出	株式	債券
1960	1,078,400	481,213	150,528	32,747	38,736
1970	5,905,733	2,957,888	863,713	274,386	234,712
1980	29,791,261	16,222,658	5,134,599	1,116,877	1,809,657
1990	79,256,845	44,431,200	13,799,210	5,214,924	5,404,645
1995	81,911,025	51,604,561	15,869,646	4,675,263	6,950,155
2000	84,050,272	56,354,707	16,217,823	4,202,723	8,440,415
2004	81,276,409	56,664,612	14,519,488	4,587,534	10,667,225

「貸出」：民間と政府　「債券」：株式以外の証券
上記以外の金融資産：現金・預金・保険・年金準備金・金融派生商品など

◆ これら金融資産は、金融市場において資金が需給された結果、資金を供給した側の「<u>資産</u>」として家計や企業や金融機関などによって保有されているもので、その一方で資金を需要した側には「<u>負債</u>」が発生しています。

✏️ エクササイズ

① 復習のため、経済循環図でこれまでの<u>金融の役割を市場の需給によって確認</u>しておきましょう。これまでの経済循環図では、資金の供給者としての家計の貯蓄を資本サービス市場に供給し、企業や政府が<u>株式や債券</u>（社債・国債など）によって資金需要をします。これを「<u>直接金融</u>」と呼びます。ただ近年は、企業は<u>利潤を配当せず</u>留保して、<u>内部資金</u>を用いる部分の多いことで、市場に依存しない場合もあります。

❖Note❖
_____
_____
_____

② **「直接金融」**に対して、金融市場において家計の貯蓄が**銀行**などの**金融仲介機関**に預金され、金融機関が資金需要をする企業等に**貸付**を行う**「間接金融」**がなされています。このことを①の場合と対比することができる経済循環図を描いてみましょう。

　図は、直接金融では**1つの市場**であるのに対して、間接金融では**2つの市場**をへて資金の最終需要者に供給されます。2つの市場は、**預貯金市場**と**資金貸借市場**ですが、それぞれ需給者と市場で決まる価格を明確にしてください。

❖ Note ❖

③資金貸借には**「消費者金融」**や**「住宅金融」**があります。その場合は②の図はどのように変化しますか。

　これらの資金需要者は誰であり、供給者が誰かが、図の変化のポイントです。

❖ Note ❖

④金融市場での価格（**利子率・利回り**）の決定は、**需要と供給の状況**によることを、資金の需要曲線と供給曲線によって確認しましょう。

○ 2つの場合を描きましょう。供給には変化はないが資金需要が旺盛で需要増加する場合と、その逆に、需要には変化はないが資金供給が増加する場合です。

❖ Note ❖

⑤ここで、**利子率**（interest）と**利回り**（yield）について学習しておきましょう。

　「利子率」　―銀行に**「預金」**をした場合に金利として提示されているものです。

　　　　　　他にも**「債券（社債・国債**など）」に額面に対して提示されている金利があります。いずれも、**確定金利**です。なお、「債券」には**利付債**と**割引債**があります。

　　　　　　　利付債―
　　　　　　　割引債―
　　「**利回り**」――**債券**は額面と利子率は決まっていますが、新規発行の場合にも、売り出しにあたって、額面通りではなく**額面より高くないし低く売買される場合**が一般的です。それでも金利は確定されていますので、支払額に対する**実質利子率**は変化します。これを「**利回り**」と呼んでいます。

○**利回りを計算**してみましょう。
　額面1万円で金利1年に500円の**債券**を10,500円で買い入れたときの「利回り」はいくらになり、利率はどれくらい変化しますか。しかも債券の**償還**は1万円です。高い社債を買えば**売買損**を生じます。このために債券価格は大きくは変化しません。

　　　　　　❖ Note ❖

　額面100円で年10円の配当の**株式**を500円で買えば、「利回り」はどうなりますか。ただし、株式は貸借ではなく企業の所有ですから、返還されないことから、企業業績で株の売買価格は大きく変動し、売買によって**売買による損益**が発生します。**金利**や**配当**を**資産所得**（capital income）と呼ぶのに対して、**売買損益**を**資本利得・資本損失**（capital gain・loss）と呼びます。

　　　　　　❖ Note ❖

⑥金融市場では、企業を中心とした資金需要に対して、直接・間接の金融による資金供給によって利子率が変化します。
　企業は事業に必要な資金を需要しますが、**資金の用途**にどのようなものがあるでしょうか。その**資金需要は経済状況によって、どのように変化**しますか。

◆**資金の用途**
　　　　　　❖ Note ❖

◆経済状況による**資金需要の変化**
　その場合、資金需要の変化を需要曲線の変化によって示してください。
❖ Note ❖

⑦**日本銀行**（**中央銀行**）は、**日本銀行券**を発行して**通貨流通**によって、市場における財サービスの**売買取引**だけではなく、**金融としての資金利用**のために、**必要な通貨量を調整**しています。日本銀行から市中銀行が借り入れる利子が「**公定歩合**」で、この公定歩合を上げ下げする**日銀の金融政策**を「**金利政策**」と呼んでいます。

　縦軸に公定歩合、横軸に通貨量を描いて、**日銀の通貨調整**はどのようになされるかを学びます。
　この場合の通貨の**供給曲線**は、日銀の通貨供給量ですので、**垂直**になります。
❖ Note ❖

🔑 キーワード　　「貨幣と交換」「金融制度」「金融市場」「銀行」「証券」「保険」
　　　　　　　　「直接金融」（株式・社債）「間接金融」（銀行借入）
　　　　　　　　「金融政策」「中央銀行」「価格調整」
　　　　　　　　「利子政策」「古典派政策」

🔨 ツール　　　　「利子理論」

第17回　6月25日（月）

3　金融と財政の経済活動

［日本経済の主なデータ］
経済循環図では、財サービスの市場での**取引**、生産要素サービス市場（労働

市場・金融市場・土地賃貸市場）での<u>取引</u>、政府への<u>税・社会保険料の納付</u>、政府活動のための財サービス市場と生産要素サービス市場(労働市場＝公務員、金融市場＝国債、金銭貸借など）の政府支出による<u>取引</u>、家計・企業への<u>移転での政府支出</u>といった場合に、常に「<u>通貨</u>」が利用されます。

◆次の表は過去60年における<u>通貨流通高の増加状況</u>を示しています。経済規模の拡大が、<u>現金通貨</u>の増加以上に<u>預金通貨</u>の増加が生じていることがわかります。

◆預金による通貨の増加を「<u>信用創造</u>」といい、今日では「<u>現金通貨</u>」より遥かに大きな「<u>預金通貨</u>」が通貨の機能を果たし、さらに「<u>準通貨</u>」なども通貨として用いられています。

通貨流通高・マネーサプライ（各年末残高）　　（単位：億円）

	日銀券発行高	貨幣流通高	通貨残高 M1	（現金通貨）	（預金通貨）
1950	4,221	31			
1960	12,341	626	42,421	11,062	31,359
1970	55,560	3,413	213,595	50,978	162,617
1980	193,472	9,802	695,727	174,753	520,974
1990	397,978	32,193	1,196,281	372,543	823,738
2000	633,972	42,225	2,478,593	619,477	1,859,116
2005	792,705	45,022	3,991,973	753,192	3,238,781

日銀券発行高（発行：日本銀行）・貨幣流通量（硬貨、発行：財務省）

<u>M1＝現金通貨 ＋通貨預金</u>
　現金通貨：　　　　一般法人、個人、地方公共団体等（以上、通貨保有主体）が保有する銀行券および貨幣。
　預金通貨：　　　　通貨保有主体が対象金融機関に預け入れた要求払預金（当座、普通、貯蓄預金など）から金融機関が保有する小切手・手形を差し引いたもの。
　　　その他に次のようなものが、通貨の役割をしており、M1より遥かに大きい。
　<u>準通貨</u>（<u>M2</u>）：　通貨保有主体が対象金融機関に預け入れた定期性預金、外貨預金、非居住者円預金など。
　<u>CD</u>（<u>譲渡性預金</u>）：通貨保有主体が保有する対象金融機関発行の譲渡性預

金。(銀行が発行する無記名の預金証書)
「**対象金融機関**」： 日本銀行、国内銀行、外国銀行在日支店、信金中央金庫、信用金庫農林中央金庫、商工組合中央金庫。

エクササイズ

①家計、企業、政府の3つの**経済主体**が、**経済循環図**において、財サービス、生産要素サービスの**取引**、政府の活動における**財政収支**において、**貨幣**（**通貨**）がどのように**循環**しているか確認しましょう。

❖Note❖

②このように流通している**貨幣**は、**3つの機能**をもっています。それぞれどのような役割でしょうか。
（ⅰ）**一般的交換手段**
　　　―ケインズのいう「**取引動機**」に基づく貨幣利用
（ⅱ）**価値尺度手段**

（ⅲ）**価値貯蔵手段**
　　　―ケインズのいう「**投機的動機**」に基づく貨幣利用で、
　　　ケインズのいう「**予備的動機**」との関連でも利用する

　このうち財サービスの**取引増加**には、貨幣の（ⅰ）の機能による**貨幣増加**が必要であり、これは**所得・生産額の増加**によって引きおこされます。
　それに対して、貨幣の（ⅲ）の機能は、特にケインズよって取りあげられたもので、**流動資産としての貨幣**を保有するもので、「**流動性選好**」として貨幣が最も適合するとしました。**貨幣は利子率が低下す**

るにつれて需要されます。
　縦軸に利子率、横軸に貨幣量を示して、**流動性選好（貨幣需要）曲線**を描きます。
（前回⑦の［エクササイズ］で、日本銀行の金利政策として、学んだものです）
❖ Note ❖

③国民経済における総需要の増加や減少によって、**景気の過熱や停滞**がおこります。その場合、**市場の金利を動かして市場の需要を調整**するために、**日本銀行は貨幣量の供給を操作**します。

○景気が**過熱する場合**と、景気が**停滞している場合**について、日本銀行の貨幣量供給の操作による**金利政策**について、**貨幣需給曲線**によって描いてください。
❖ Note ❖

④**政府**は、**租税の徴収**（非市場支払）と**国債発行**（生産要素サービス市場での需要）などの**政府の収入**によって、**市場の通貨を吸収**することになります。
　それに対して、**政府**は、**財サービスの購入**（財サービス市場での需要）、**公務員の採用**（生産要素サービス市場での需要）、**国債利子支払と償還**、**政府の移転支出**（非市場支払）などの**政府の支出**によって、**市場に通貨を還流**させることになります。
　政府収支を上記のように操作することで、**貨幣量の変化から金利に影響**を与え、**景気を調整**することができます。

　政府収入と政府支出の収支差が黒字の時は、**市場の貨幣量を減少**させます。そのことで、**金利を引き上げ**、景気の過熱を防ぐことができます。
　逆に、収支差が赤字の時は、**市場の貨幣量を増加**させ、**金利を引き下げ**、景気を刺激することができます。
❖ Note ❖

◆**市場の金利**を金利政策（金融政策）や財政政策によって、景気を調整することを「**価格調整**」と呼んでいます。

⑤金利には、それ以上低下しない、ある水準があります。これをケインズは「**流動性のワナ**（ Liquidity trap ）」と呼んでいます。このような経済状況は、景気が低迷して金利が低下しており、貨幣量の調整では、**金利を変化させ経済を調整することができません**。

　（「**流動性のワナ**」は、**流動性選好**において**貨幣と債券**のどちらを選ぶかを決める場合、**債券利回り**がある低さになると、債券の売買における需要が減少し供給を下回り債券価格が下落し、利回りは反転して上昇することから生じます）

◆金利による「価格調整」ができないときには、**財政の収支差の赤字**によって**市場における総需要（有効需要）を引き上げる**ことができ、これを「**数量調整**」と呼んでいます。**資金市場**における**財政需要を引き上げる**ために、**国債発行によって政府の資金需要**によって資金量を増やし、結果的に**有効需要を増やす**ことになります。これをケインズ政策と呼んでいます。

⑤-1　縦軸に利子率、横軸に資金量を描いて、「**流動性のワナ**」にある**金利水準**での資金市場の需給によって、**政府の資金需要が金利を動かすことなく、資金量を増やすこと**を確認しましょう。
❖ Note ❖

⑤-2　「**流動性のワナ**」**を脱却した金利水準**では、**政府の資金需要**は、市場にある資金供給を減らすことから、金利水準を変動させ、**金利を引き上げる可能性**があることを確認しましょう。
❖ Note ❖

◆市場の**価格メカニズム**は、**経済的インセンティヴ**によって、**自律的に経済変動は調整**される側面を持つことから、[キーワード] に示した

ような、市場への規制を緩和する構造改革がなされてきました。

🔑 キーワード　「数量調整」「価格調整」「財政政策」「ケインズ政策」「経済制度とインセンティブ」「構造改革」「規制緩和」「価格統制」(「規制と誘導」「政策税制」「法的誘導」「法的規制」)

🔧 ツール　「国民所得決定理論」

[復習3] 第18回　6月29日（金）

テーマ6　日本の財・サービス価格の変化と物価水準の変化はどうなっているか

　インフレーション・デフレーションと物価水準、貨幣数量説、市場価格の決定、消費財の性質、生産費としての賃金決定、失業などを学びます。

第19回　7月2日（月）

1　日本の物価はどんな動きをしてきたか

　［日本経済の主なデータ］
　戦後60年のうち、1980年代までは、日本経済には、景気の良し悪しにかかわらず、常に物価騰貴（インフレーション）が伴っていました。したがって、政府の経済政策の中心にインフレ対策が、重要な位置をしめていました。
　次の表は、その物価の変動を、わが国の企業物価と消費者物価についてと、主要国の物価変動の比較で示しています。

物価指数（2000年平均＝100）、主要国消費者物価指数　（対前年変化率、%）

年	国内企業物価指数	消費者物価指数	日	米	英	仏	独	伊	韓国
1960	49.6		3.7	1.6	1.0	4.2	1.5	2.4	10.2
1965	50.7		6.6	1.7	4.8	2.7	3.2	4.4	13.6
1970	56.7	31.8	7.7	5.9	6.4	5.8	3.4	4.8	16.1
1974	86.7	54.5	23.2	11.0	15.9	13.6	7.0	19.4	24.3
1980	113.4	75.2	7.8	13.5	18.0	13.5	5.4	21.3	28.7
1985	114.0	86.1	2.0	3.6	6.1	5.8	2.2	9.2	2.5
1990	108.3	92.1	3.1	5.4	9.5	3.4	2.7	6.5	8.6
1995	104.1	98.5	-0.1	2.8	3.4	1.8	1.7	5.2	4.4
2000	100.0	100.0	-0.7	3.4	2.9	1.7	1.5	2.5	2.3
2005	97.7	97.8	-0.3	3.4	2.8	1.8	2.0	2.0	2.7

◆この表では、物価の変動を2つの方法で表しています。

（ⅰ）基点としてある年をおき、**その年の平均物価を100**とし、それとの比較で**他の年の物価**を示すもので、わが国について、企業物価（生産者物価）と消費者物価が示されています。

（ⅱ）もう1つの表示方法は、**対前年の平均物価と当該年の平均物価**を比較して、**変化率**で示すもので、各国比較をおこなっています。

◆この表を見るかぎり、各国比較で目を引くのは、**消費者物価の下落（デフレーション）**を経験しているのは、わが国のみということです。

また、この期間を通じ、物価の優等生はドイツであることもわかります。

1974年の各国の対前年比較で、すべての国で**大きなインフレーション**を経験したのは、**第1次オイルショック**によるものです。1980年にも前回以上の2桁インフレをおこしているのは、**第2次オイルショック**によるもので、1桁で止まったのは、わが国とドイツのみでした。

✎ エクササイズ

①わが国の物価変動について、企業物価と消費者物価を比較すると、どんな特徴があるでしょうか。観察してください。

❖Note❖

②わが国は、1990年代に入ると、まず企業物価のデフレがおこり、それより遅れて消費者物価のデフレがはじまります。消費者物価には企業物価が含まれているにもかかわらず、物価の変動に乖離がおこるのは、おもに何によると考えられますか。
[ヒント] たとえば、家電が消費者の手に渡るとき、製造者（生産者）での製品価格にどんな費用が加算されるかを考えてください。

❖Note❖

③物価水準（一般物価水準）は、市場における総需要と総供給によって、決定されます。縦軸に物価、横軸に生産量（GDP）を示して、その決定のあり方を描いてください。

○その場合、インフレーションは、需要面からおこる場合（需要インフレ）と供給面からおこる場合（供給インフレ）のあることを確かめてください。

❖Note❖

④インフレーションが需要面からおこる場合、主要なものとして所得増加に伴う「需要増加」があります。しかし、所得増加は経済成長によって生じるものですから、供給面では生産量の増加がおこっています。その場合におこる「需要インフレ」は、供給を超えて需要が物価を押

し上げることからおこると考えられます。
　そのような状況を、総需要曲線と総供給曲線によって確認しましょう。
❖ Note ❖

⑤ <u>「需要インフレ」</u>を理解するのに用いられてきた、最も古典的な理論が<u>「貨幣数量説」</u>といわれるものです。次のような数式で表されます。

<u>MV=TP</u>　（M:<u>貨幣量</u>　V:<u>貨幣の流通速度</u>　T:<u>取引量</u>　P:<u>物価水準</u>）
　　　　　<u>V</u>は、流通貨幣が一定期間（通常1年間）に、何度回転して取引総量に用いられるかを示すもの

　上の式は、<u>恒等式</u>として考えられますが、これを、P（物価水準）が他の経済変量に関連した<u>関数関係を示す方程式</u>としても理解できます。この場合は次のように書き換えられます。

<u>P=f［(V/T) M］</u>……取引量と貨幣の流通速度に変化がない限り、<u>物価水準は貨幣量によって決まる</u>ということを示しています。

　たとえば、わが国の戦後数年に、それまで1ドル＝2円であったものが360円に円の切り下げになるほどのインフレーションがおこりました。このことを、貨幣数量説を使うことで、容易にその原因が理解できることを確認してください。
　同じことは、第1次大戦後のドイツ、第2次大戦後の東欧でおこり、国家の解体をもたらす<u>超インフレーション</u>をおこしています。
❖ Note ❖

⑤インフレーションがなぜおこるかの理解は、その逆の物価下落である<u>デフレーションの場合</u>にもあてはまります。
　③、④と同様に、縦軸に物価、横軸に生産量（GDP）を描いてデフレがおこる状況を示してください。その場合<u>主たる要因</u>が、<u>需要側にある場合</u>と、<u>供給側にある場合</u>にわけて示してください。
　また<u>「失業」</u>水準が高いときは、どちらの場合であると考えられますか。
❖ Note ❖

⑥インフレやデフレが**どの程度**のパーセントで、**どれぐらいの期間**にわたって続くかは、一国の総需要、総供給がインフレやデフレが始まったとき、**物価に対する弾力性の大きさに依存**するといえます。
（**総需要（総供給）の物価弾力性** ＝ 総需要（総供給）の変化率／物価の変化率）

そのことは、総需要曲線と総供給曲線についての**勾配の相違**に依存するということです。

（個別財サービスの需要の弾力性については、第5回で学んでいます）

○以上のことを、総需要・総供給曲線の勾配の相違によって、インフレやデフレの大きさの相違が理解できることを確認してください。

❖ Note ❖

⑦**インフレ・デフレが生じる時**には、所得や生産量などの金額で表されるものについては、年（年度）比較をする場合は、**名目額と実質額の相違**があることに注意しましょう。

（第3回に学ぶ）

キーワード 「一般物価水準」「インフレーション」「デフレーション」「物価水準の決定」「総需要と総供給」「失業」「価格弾力性」

ツール 　　　貨幣数量説　インフレーション理論

第20回　7月6日（金）

2　日本の財・サービス価格はどんな動きをしてきたか

［日本経済の主なデータ］
前回の「**物価**」の動きと、今回学ぶ「**価格**」の動きの相違を、理解しておく

必要があります。「物価」については、「消費者物価」であれば消費者が購入する財・サービス全体の価格水準をいいます。

次の表は戦後60年における消費財サービスの個別価格の動きを示しています。前回に示した消費者物価は1990年代半ばまではインフレ傾向を示していましたが、この個別価格を見るかぎり価格上昇には大きな相違があるうえに、価格低下しているものもあります。

昔と今の価格　　　　　　　　　　　（円）

年	米	鶏卵	牛肉	ビール	手紙	理髪	大工	電球
1950	990	248	32	130	8	59	180	53
1960	987	229	55	125	10	163	800	60
1970	1,860	227	137	132	15	555	3,470	65
1985	4,788	350	351	310	60	2,603	13,330	146
1990	4,933	316	383	317	62	3,006	17,370	145
2000	3,955	309	393	337	80	3,612	18,940	144
2004	4,606	200	446	337	80	3,679	18,680	168

米（10kg）鶏卵（1kg 1パック）牛肉（100g）ビール（大びん1本）手紙（郵便料金）理髪（大人1回）大工（手間日額）電球（60ワット）

○この表について、前回の物価変動の表と同様に、2000年を100とした場合、各年はどれだけになるか計算してみてください。

❖Note❖
_____
_____
_____
_____

ここでは高度経済成長が始まる直前の1960年がどの程度かを示してみます。米（25.0%）、鶏卵（74.1%）、牛肉（14.0%）、ビール（37.0%）、手紙（12.5%）、理髪（4.5%）、大工（4.2%）、電球（41.7%）。すべての財・サービスで価格上昇がおこっていますが、大きな相違があります。

ところが1990年代以降を見ると、**価格下落**が鶏卵に特徴的で、60年間に価格下落がおこっています。その他にも価格下落がおこっているものがあります。

◆ここでは取りあげていませんが、**電気製品**も市場に製品が現れて以来、性能は格段に優れているにもかかわらず**価格低下**がおこっていることは近年でも経験しています。このことは、前回の「企業物価」と「消費者物価」のデフレ局面において、「企業物価」における**物価水準下落の程度と速度**をみれば推測できます。

✎ エクササイズ

①**個別財サービスの価格**は、その**個別の市場の需給**によって変動します。**鶏卵**が1990年代以降**急速に価格下落をおこす状況**を需給曲線によって示し、**その原因**を推測してください。

❖ Note ❖

②同じような価格下落が**家電製品のような製造業**におこっていることを説明してください。
［ヒント］は「**生産性**」にあります。

❖ Note ❖

③先の個別価格変動のうち、「理髪」「大工」といった**サービスの価格上昇**が、他と比べ**極端に大きくなっている**ことを需給曲線で示してください。また、**その理由**を考えてください。
［ヒント］サービス産業一般が抱えている特徴と、特に「理髪」「大工」といったサービス業がもっている特有の特徴から答えが引きだせます。

❖ Note ❖

④**個別の財サービスが高価になる原因**については、**需要と供給の両面**から考察する必要があります。たとえば貴金属のようなものは、その財の供給が僅少のため**希少性が高い場合**で、代替財もなく、需要の増

加が直ちに価格上昇につながります。需給曲線で確認しましょう。
❖ Note ❖

⑤財の**希少性が高い**ということは、別のことばを使えば「**機会費用**」が**高い**ことを意味しています。「機会費用」は、財サービスの価格が経済学として取り扱っているのは「**絶対価格**」ではなく「**相対価格**」であるということです。

以上のことばをもう一度復習してください。(第1、2回で学ぶ)

経済資源には無限のものはなく、有限のうえに、大なり小なり「**希少性**」があります。その中から、さまざまな経済財サービスに「**経済資源の配分**」をおこなう場合、**最も効率的な状態**（経済学では「**経済的余剰**」の**最大化**と想定する）にするには、**機会費用を比較**し少ない財を選択することが必要です。

「相対価格」と「絶対価格」の違いは、次のことで確認しておきます。
◆縦軸に当該財サービスの価格、横軸にその需給量を描く場合の「価格」は**絶対価格**です。しかもこの価格は貨幣額で示され、日常生活で「価格」といっているものです。
❖ Note ❖

「相対価格」は経済学で考えている「価格」で、経済が2財（たとえばA財とB財）のみからなるとして、その**2財の交換比率**のことです。縦軸にA財の生産量、横軸にB財の生産量を描いて、**生産可能曲線上の接線の勾配**によって示されます。
❖ Note ❖

⑥個別価格の需給関係の中で、**価格の動きに関係する**のは、当該財サービスの需要についての（ⅰ）**代替財の存在とその価格の変化**、**嗜好の変化**、**所得の増加**、**将来価格の見通し**などであり、（ⅱ）加えて需要と供給それぞれの**価格弾力性**、需要の**所得弾力性**が影響します。(第5回に学ぶ)

⑦（ⅰ）**代替財の存在とその価格の変化、嗜好の変化、所得増加、将来価格の見通し**などが、**需要曲線に与える影響**をまとめておきましょう。
　その場合に、当該財サービスの需要に関する**価格効果（代替効果）**と**所得効果**についても確認してください。

❖ Note ❖

（ⅱ）需要と供給それぞれの**価格弾力性の相違**が、価格の変化によって**総収入にどのような変化**をもたらせますか。それぞれの**弾力性が1以下、1、1以上**の場合にわけて確認しましょう。

❖ Note ❖

（ⅲ）**需要の価格弾力性の大きさ**によって、「**必需財**」「**奢侈財**」を説明してください。また、需要の所得弾力性によって、「**正常財**」「**劣等財**」を説明してください。

❖ Note ❖

（ⅳ）**需要の交差価格弾力性**は、他の財の価格が変化するとき、ある財の需要量がどのように変化するかを示すもので、これによって**2つの財の関係が「代替財」か「補完財」か**が、わかります。

❖ Note ❖

キーワード　「需要と供給」「希少性」「機会費用」「相対価格」「生産性」「弾力性」
　　　　　　「嗜好の変化」「所得増加」「代替財」「補完財」「正常財」「劣等財」

ツール　　　市場価格決定論

第21回　7月9日（月）

3　日本の賃金はどうして決まるか

[日本経済の主なデータ]

◆下の表から、次のようなことが読みとれます。

　高度経済成長後の安定成長期、バブル景気の時期には賃金は順調に増加していたが、バブル崩壊後は微増に転じ、2000年代に入ると低下傾向が現れ、最近ようやく下げ止まっている、ということです。

男女別賃金と対前年増減比　　（単位：千円　％）

	男女計	男	女	大卒初任給
1976	131.2　(--)	151.5　(--)	89.1　(--)	94.3
1980	173.1　(6.6)	198.6　(6.6)	116.9　(6.4)	114.5
1985	213.8　(3.5)	244.6　(3.0)	145.8　(4.7)	140.0
1990	254.7　(5.3)	290.5　(5.2)	175.0　(5.2)	169.9
1995	291.3　(1.0)	330.0　(0.8)	206.2　(1.6)	194.2
2000	302.2　(0.5)	336.8　(0.0)	220.6　(1.4)	196.9
2001	305.8　(1.2)	340.7　(1.2)	222.4　(0.8)	198.3
2002	302.6　(-1.0)	336.2　(-1.3)	223.6　(0.5)	198.5
2003	302.1　(-0.2)	335.5　(-0.2)	224.2　(0.3)	201.3
2004	301.6　(-0.2)	333.9　(-0.5)	225.6　(0.6)	198.3
2005	302.0　(0.1)	337.8　(1.2)	222.5　(-1.4)	196.7

◆<u>賃金がどのように決定されるか</u>については、原則的なことは、第9回の講義で労働サービス市場での賃金率の決定について学んでいます。それから学びを始めます。

✎　エクササイズ

　　　<u>労働サービスの需要曲線が、右下がり</u>になるのは、労働サービス追加1単位ずつ需要を増やすとき、その労働サービス1単位がもたらす生産物は減少していくことによります。　　——労働の限界生産物逓減

　①縦軸に労働による生産量、横軸に労働サービスの量とし、<u>労働の生産</u>

関数を描いてください。労働の限界生産物が逓減するということに留意して、生産関数がどうなるかを描くことになります。

❖Note❖

② **労働の生産物が限界的に逓減**していくことは、**労働の限界生産物の価値**が労働需要の需要の増加とともに、**減少**していくことになります。
　縦軸に労働の限界生産物の価値を、横軸に労働サービスの量を示して、労働の限界生産物の価値を描いてください。

❖Note❖

③労働者が**労働を供給する際**に、通常、**労働と余暇の選択**を考えて、どれだけ供給するかを決定すると想定しています。
　労働と余暇の選択においては、労働することは**余暇を犠牲にする代わりに、賃金を受け取る**ことで、どちらを選択するかは**賃金の大きさ（賃金率）に依存**することになります。
　縦軸に賃金率、横軸に労働サービス量を示すことによって、労働者の**労働供給曲線**を描くことができます。

❖Note❖

④労働サービスは賃金率が低くても供給量は少なくなりつつ供給され続けるかというと、19世紀にはすでに「**賃金鉄則**」ということがいわれて、**ある賃金率以下では供給はない**ことを示しました。**賃金生存費説**といわれるもので、生活に必要な最低生活費以下の賃金では働かなくなるというものです。
○現在も賃金鉄則は働くでしょうか。

❖Note❖

　現在、賃金所得の低さが問題になっているのは、このような「賃金

鉄則」が現在にも意味をもってきているように思われます。「**パラサイト・シングル**」といわれるものは、親の生活力に依存し、**低賃金でも働く労働者の存在を可能**にしています。

⑤賃金鉄則があるとしても、現在はこのような生命を脅かす賃金鉄則がはたらく前に、**賃金をある水準以下に低下するのを支える2つの仕組み**があります。

　その1つが、**労働組合の賃金決定交渉の存在**であり、もう1つは**政府が決める最低賃金制度の存在**です。

　この2つの仕組みは、労働の供給曲線を賃金率の一定水準以下には低下させなくしています。これを**賃金の下方硬直性**と呼んでいます。この状況を、労働サービスの需給曲線によって説明してください。

　　　　❖ Note ❖

⑦現在の労働組合の現状を理解しましょう。

　戦後60年の労働組合の簡単な歩みは、次のとおりです。
　　1945年　労働組合法の制定、労働関係調整法の制定
　　1946年　労働基準法の制定（以上、**労働3法**）
　　1950年　日本労働組合総評議会（**総評**）結成
　　1959年　**最低賃金法**制定
　　1964年　全日本労働組合総同盟（**同盟**）結成
　　1985年　**男女雇用機会均等法**制定
　　1987年　全日本民間労働組合連合会（連合）結成、**同盟**、中立労連、翌年新産別**解散**
　　1989年　日本労働組合総連合会（新「**連合**」）発足、**総評解散**
　　　　　　日本最大のナショナルセンターの誕生

○日本と欧米の労働組合の大きな違いは、**欧米は職能別組合**であるのに対し、**日本は企業別組合**です。そのことが組合活動のあり方を変えています。どのようなことでしょうか。

　　　　❖ Note ❖

⑧わが国が**少子高齢社会**に向かいつつある今日、国内の労働力の需要に対して**供給は減少傾向**を見せるはずです。

他方、経済成長を期待するとすれば、**賃金価格（賃金率）の上昇**がなければ経済の豊かさを確保できません。

このような状況のなかで、現在、**労働市場の需要と供給について期待されている対応策**をまとめておきます。

[日本経済の主なデータ]
稼働可能労働人口と就業状況

年齢別人口割合 (%)

年	0-14歳	15-64歳	65歳以上	年	0-14歳	15-64歳	65歳以上
1884	31.6	62.6	5.7	1970	23.9	69.0	7.1
1920	36.5	58.2	5.3	1980	23.5	68.2	10.3
1940	36.7	58.5	4.8	1990	18.2	69.5	12.0
1950	35.4	59.7	4.9	2000	14.6	67.9	17.3
1960	30.0	64.2	5.7	2005	13.7	65.8	20.1

就業状態別人口（15歳以上人口） (%)

年平均	労働力人口比率（男女）	完全失業率	労働力人口比率（男）	完全失業率	労働力人口比率（女）	完全失業率
1950	65.2	1.2	83.2	1.3	49.3	1.1
1960	69.2	1.7	84.8	1.6	54.5	1.7
1970	65.4	1.1	81.8	1.2	49.9	1.0
1980	63.3	2.0	79.8	2.0	47.6	2.0
1990	63.3	2.1	77.2	2.0	50.1	2.2
2000	62.4	4.7	76.4	4.9	49.3	4.5
2005	60.4	4.4	73.4	4.6	48.4	4.2

◆供給面での対応
高賃金をもたらす**高付加価値労働の創出**
　　［1人当たり GDP ＝（GDP／総人口）＝ 労働の生産性（＝ GDP／労働人口）
　　　　　　　　　　　　　×労働人口比率（＝労働人口／総人口）］

<u>高齢者・女性</u>の労働市場への参加
生涯にわたる<u>職業教育・訓練</u>

◆需要面での対応
<u>高齢者・女性の雇用</u>とそのための条件整備（<u>子育て支援</u>など）
<u>外国人労働者</u>の雇用と条件整備
給与体系（<u>能力給の導入</u>など）、<u>日本型雇用・賃金の再構築</u>
<u>非正規労働</u>の処遇

キーワード　「賃金の下方硬直性」「賃金規制」「労働法規」「労働組合」
　　　　　　「日本式経営」「賃金の二重構造」
　　　　　　「女性労働」「ニート」

ツール　　　「賃金理論」

テーマ7　少子と高齢社会と人口減少の日本はどんな経済が予想されるか

　人口と経済、生産関数、消費関数、生産可能曲線、無差別曲線、財・サービスの限界代替率・限界変換率、パレート効率、消費の高度化、財政と医療・年金などを学びます。
　（麻疹休校のため、以下の授業はおこなえなかった）

第22回（未講義）

1　人口は経済にどんな影響を与えるのか

[日本経済の主なデータ]

人口総数　　　　　　　　（単位：万人）

年	人口総数	年	人口総数
1880	3,665	1970	10,372
1900	4,385	1980	11,706
1920	5,547	1990	12,361
1940	7,193	2000	12,926
1960	9,342	2005	12,777

一人当たり GDP＝（GDP／総人口）
＝労働の生産性（＝GDP／労働人口）× 労働人口比率（＝労働人口／総人口）

[学ぶ予定の内容]

◆人口の増減は経済的には、労働力の増加・減少という「生産」面と、経済生活の拡大・減少という「消費」面の両面をもっている。

◆以上のことを、次の［キーワード］を用いて、具体的内容を学ぶ。

キーワード　　「地球人口の増加」「食糧と飢餓」「先進国の人口」「人口構造」「マルサス法則」
「人口の都市集中」「産業構造と人口増加」「自然環境と人口増加」
「労働力」「生産性」
「エンゲル係数」「消費」「投資」
「老齢化率」「財政負担」

ツール　　「生産関数」「消費関数」

第 23 回（未講義）

2 少子高齢社会はどんな経済社会が予想されるか

［日本経済の主なデータ］
　年齢別人口割合
　就業状態別人口（15 歳以上人口）
　（第 21 回に提示済み）

［学ぶ予定の内容］
◆少子高齢社会は、将来は確実に人口減少を経験するが、近年の人口増加過程とはいえ、年齢別人口をみれば、労働力人口比率は着実に減少し、高齢者人口比率は急速に増加する。

◆労働力人口比率の減少による課題　―生産力の維持を如何にするか

◆高齢者人口比率の増加による課題　―年金・医療費の増加

◆消費増加と貯蓄減少の経済効果

　キーワード　「労働力不足」「高齢者年金・医療」「消費増加」「貯蓄不足」
　　　　　　　「過密と過疎」「社会経済環境の変化」

　ツール　　　「生産可能曲線」

第 24 回 (未講義)

3 少子高齢対策としてどんなことが考えられるか

[日本経済の主なデータ]

過去の出生率　　(1 人の女子が子供を産む数)

年	合計特殊出生率	静止粗再生産率	年	合計特殊出生率	静止粗再生産率
1930	4.72	3.09	1970	2.13	2.13
1940	4.12	2.87	1974	2.05	2.11
1950	3.65	2.43	1980	1.75	2.09
1955	2.37	2.24	1990	1.54	2.08
1965	2.14	2.12	1995	1.42	2.07
1966	1.58	2.15	2000	1.36	2.08
1967	2.23	2.12	2004	1.29	2.07

「合計特殊出生率」は 1 人の女子が 15 歳〜 49 歳に産む子供の数
「静止粗再生産率」は人口が同じ水準に保つために必要な合計特殊出生率
1966 年は丙午 (ひのえうま) の年で女子の出生を嫌う風潮の結果による減少

将来人口の予測　　(単位：千人)

年次	将来人口	年次	将来人口
2010	127,473 (13.4) (64.1) (22.5)	2050	100,593 (10.8) (53.6) (35.7)
2015	126,266 (12.8) (61.2) (26.0)	2060	91,593 (10.7) (53.5) (35.8)
2020	124,107 (12.2) (60.0) (27.8)	2070	82,506 (11.3) (53.5) (35.2)
2025	121,136 (11.6) (59.7) (28.7)	2080	74,931 (11.9) (53.6) (34.5)
2030	117,580 (11.3) (59.2) (29.6)	2090	68,966 (12.4) (54.0) (33.6)
2040	109,338 (11.0) (55.8) (33.2)	2100	64,137 (13.1) (54.3) (32.5)

第 1 ( ) は 0 〜 14 歳人口比、第 2 ( ) は 15 〜 64 歳人口比　第 3 ( ) は 65 歳以上人口比
将来人口は、2000 年国勢調査第一次基本集計結果及び同年人口動態統計の確定数が公表されたことを踏まえた国立社会保障・人口問題研究所による隔年 10 月 1 日の中位推定値。

第 5 章 「経済と経済学基礎 A」(2007 年春学期) 配布講義ノート

［学ぶ予定の内容］

◆人口減少に対応する課題を、次の［キーワード］で考える。

> 🔑 キーワード　「人口増加策」「政策誘導」「税制と補助金」「外国人労働」「労働参加誘導」
> 「小児・児童の養育環境の整備」
> 「雇用条件の多様化」「女子労働・高齢者労働」

> 🛠 ツール　　「生産可能曲線」

［復習4］第 25 回 (未実施)

あ と が き

　本書の各章が書かれた背景と経緯は、いずれも本文の中に示されているために繰り返さない。ただ、最後の「第Ⅲ部　実践報告」として講義ノートを掲載したことについては、触れておきたい。
　第1章は、経済学部が経済学入門の必修授業として、2004年度から1年生と2年生の春学期の3学期、合計12単位の「経済と経済学基礎ABC」を開講するための準備段階の経緯を、何らかの形で個人的な立場ででも残しておきたいという動機からなったものである。
　それに先立って、第2章に掲載した財政学の学部教育についての論考になぞらえて、経済学教育とりわけ入門教育についてのこれまでの筆者の考えをまとめることとともに、以上の報告をすることにした。結果的には、授業準備の報告は最後のわずかな部分に過ぎないのは、準備段階で考えたことをまとめる前段で、それまでのさまざまな入門教育への思いを書き連ねることになったためである。
　第1章は2回に分けて発表し、後半を書いている段階で、授業は始まっていた。この章の最後に、「最後に、今回の授業改革についてのその後の経過と課題の検討と、更なる改革の方向と内容の報告が、適任者によってなされることを期待している。」と記している。
　筆者は、自己の責任はこの報告をまとめることをもって、学部教育への関与は終わると思っていた。ところが、退職を直前にした2007年度春学期に、「経済と経済学基礎A」の3クラスの1つを担当するように、学部から依頼があった。これまで、入門教育は言うに及ばず、経済学の中核的なマクロ・ミクロの講義は全く経験してこなかった。研究演習（ゼミナール）におけるミクロ・マクロのエクササイズはしばしば経験したが、専ら財政学を中心に政策・応用部門にかかわってきたからである。
　しかし、今回の入門教育の改革では、担当者は学部の経済学部門にか

かわる全教員が担当することが大前提になっていることから、授業担当依頼は断れない事情があった。それに加えて、授業計画プロジェクトチームの取りまとめ責任を負っていた身からは、少なくとも「計画」に示された手順を実践する立場にも立たざるをえないとも思った。

担当が決まった2006年秋から授業の準備を始め、2007年に入って授業レジュメを具体的に作成し始めた。2006年度は、1年間の特別研究期間で授業担当から開放されていたことは幸いであった。ほぼ、3ヵ月間はレジュメ作りに集中した。

理論的レベルの参考にしたのは、大部ではあるが、数式がほとんど出てこない図形と具体的事例の数値によって、極めてていねいに論述しているマンキューの教科書『マンキュー経済学』（Ⅰミクロ編、Ⅱマクロ編、2005訳本）である。理論のレベルは、ミクロでは多くは部分均衡による市場の需給について述べており、一般均衡的方法については生産可能曲線は用いられるが、無差別曲線は最後のアドバンスの部分に出てくるのみである。マクロでは、われわれの世代には馴染み深い45度線の利用は触れられておらず、専ら総需要・総供給を部分均衡的な方法で経済現象を説明している。

このマンキューの教科書から、一部、数値例や事例を利用させていただいた。しかし、レジュメには図形による提示は全くない。レジュメには、必要なスペースを「書き込み空欄」として設け、講義にともなって板書のものを書き写すことによって、ある種のエクササイズを講義が進むにつれて行うことを目指した。

レジュメは、大テーマを7つ設け、1つのテーマを3回に分けて学ぶという形をとり、1回のレジュメは、書き込み空欄（本書では❖Note❖と表記）も入れて、B4用紙2つ折のB5横書き4頁として毎回配布し、それらをまとめると講義ノートが出来上がるように考えた。実際には、6月にほぼ2週間の麻疹休校のため最後の1テーマは講義ができなかったことから、講義ノートは合計72頁となった。

以上は、授業計画で考えた枠内で行ったものである。過去の講義経験のなさや思い違いのため、誤りもあることと思われる上に、説明方法が必ずしも適切に行われていないことも考えられる。しかし、一度学生に提示したものであり、あえて「実践」事例として公開することにした。

　授業には、教学補佐の大学院生の協力をえて、毎回ミニッツペーパーの提出と、1講時を用いる3回の「復習のためのエクササイズ」もあって、授業には欠席者はあまりいなかった。その点では、入門授業を3クラスに分けて中クラスの受講編成にしたことは、十分意味のある改革であったといえる。

　この講義を担当するように依頼があった時、かねがね同じく1年生の必修授業である「基礎演習」の担当を希望していたので、それに代えてほしいと返答したが、担当者から押し切られての授業担当であった。いま終了したことでホッとする思いと、これで経済学部を卒業できる区切りがついたという思いで、強いられた形ではあったが授業の担当に感謝したい。

　その後、学部の「経済と経済学基礎」講義は手直しの検討がなされ、2008年度から理論レベルでは、「ミクロ」と「マクロ」を学期に分けて行うことになっている。今後も、経済学部の授業改革がたゆみなく進むことを期待している。

　本書も前著『問いかける聖書と経済』に続いて、関西学院大学出版会のお世話になった。ほぼ8年間理事長の責任を負っていたが、この書は後任理事長宮原浩二郎社会学部教授のもとでの公刊となり、筆者にとっても記念すべき出版になった。

　今回も、常任理事で事務局責任者である田中直哉氏と編集全体の担当者である松下道子氏のお世話になった。加えて、戸坂美果氏、浅香雅代氏とともに、理事長在任中、ともに「本づくり」に励んできた仲間である。本書の出版と共に、これまでの労苦に感謝したい。

それにしても、出版会立ち上げから何とか事業の継続に見通しをつけ、さらに次の飛躍を計画していた途上で倒れた故谷川恭生氏のことを思い起こす。出版会が10年の歩みを終え、次の10年への歩みを新たにしようとしている今、谷川氏を含め、編集・事務局の任務を負って来られた方々に深甚の感謝を申し上げたい。

　　2008年1月1日

著者略歴

山本栄一（やまもと・えいいち）

1940年	大阪市生まれ
1962年	関西学院大学経済学部卒業
1967年	同大学院博士課程修了
現　在	関西学院大学経済学部教授
	経済学博士（関西学院大学）

著　書　『租税政策の理論』有斐閣、1975年
　　　　『都市の財政負担』有斐閣、1989年
　　　　『大学への招待状』関西学院大学出版会、2003年
　　　　『問いかける聖書と経済』関西学院大学出版会、2007年
共　著　『基本財政学（第4版）』有斐閣、2002年他
編　著　『日本型税制改革』有斐閣、1987年
　　　　『福祉財政論』有斐閣、2002年

経済学教育と研究の現場
　　関西学院大学経済学部での経験

2008年3月5日　初版第一刷発行

著　者　山本栄一
発行者　宮原浩二郎
発行所　関西学院大学出版会
所在地　〒662-0891　兵庫県西宮市上ケ原一番町1-155
電　話　0798-53-7002

印　刷　協和印刷株式会社

©2008　Eiichi Yamamoto
Printed in Japan by Kwansei Gakuin University Press
ISBN 978-4-86283-025-8
乱丁・落丁本はお取り替えいたします。
本書の全部または一部を無断で複写・複製することを禁じます。
http://www.kwansei.ac.jp/press